Günther Dichatschek

Digitalização da antologia 8

Günther Dichatschek

Digitalização da antologia 8

Aspectos de uma área temática da pedagogia

ScienciaScripts

Imprint

Cover image: www.ingimage.com

This book is a translation from the original published under ISBN 978-3-639-63058-9.

Publisher:
Sciencia Scripts
is a trademark of
Dodo Books Indian Ocean Ltd. and OmniScriptum S.R.L publishing group

120 High Road, East Finchley, London, N2 9ED, United Kingdom
Str. Armeneasca 28/1, office 1, Chisinau MD-2012, Republic of Moldova, Europe
Managing Directors: Ieva Konstantinova, Victoria Ursu
info@omniscriptum.com

Printed at: see last page
ISBN: 978-620-8-38235-3

Índice

Índice de conteúdos ... 1

Agradecimentos ... 4

Introdução ... 4

Parte I Digitalização ... 5

1 Introdução ... 5

2 Comunicação, meios de comunicação social e público ... 5

2.1 Comunicação ... 5

2.2 Meios de comunicação social ... 6

2.3 Público ... 7

3 Sociedade, cultura e educação ... 7

3.1 Sociedade e tecnologia ... 7

3.2 Mudança das práticas culturais ... 8

3.3 Educação ... 8

4 Economia e trabalho ... 9

4.1 Automatização e ligação em rede ... 9

4.2 Mudanças no mundo profissional ... 10

5 Estónia ... 11

6 Bibliografia Digitalização ... 12

Parte II Ensino e aprendizagem digitais ... 14

1 Observações preliminares ... 14

2 Digitalização ... 15

2.1 Fenómenos de mudança ... 15

2.2 Sistemas de ensino e digitalização ... 17

3 Panorama técnico ... 17

4 Ensino à distância ... 19

4.1 Aprendizagem apoiada pelos media ... 19

4.2 Inovações tecnológicas ... 20

4.3 Aprendizagem apoiada pela tecnologia ... 21

4.4 Aprendizagem colaborativa na Web 2.0 ... 22

5 Didática ... 22

5.1 Introdução ... 23

5.2 Panorama das teorias da aprendizagem ... 24

5.2.1 Comportamentalismo ... 24

5.2.2 Cognitivismo ... 24

5.2.3 Construtivismo ... 25

5.2.4 Conectivismo ... 25

5.3 Ensinar taxonomias objectivas ... 26

6 Educação para os media ... 27

6.1 Tendências na educação para os media ... 27

6.2 Competência mediática ... 28

7 Aprendizagem baseada nos media ... 29

7.1 Planeamento e conceção ... 29

7.2 Instrução ... 30

7.3 Potencial digital ... 31

7.4 Infra-estruturas técnicas ... 31

7.5 Desenvolvimento de situações de ensino e aprendizagem ... 32

7.6 Áreas problemáticas ... 32

8 Avaliação do desempenho com E - Avaliação - Sistemas ... 33

9 Aprender e ensinar na educação de adultos ... 34

10 Bibliografia Ensino e aprendizagem digitais ... 36

Parte III Inteligência artificial ... 39

Introdução ... 39
1 Reflexões sobre a inteligência ... 41
1.1 Aprendizagem automática ... 41
1.2 Redes neuronais ... 41
1.3 Inteligência em IA ... 43
1.4 Resumo de ... 44
2 IA e ética ... 44
2.1 Conceitos de IA ... 45
2.2 Questões éticas ... 45
2.3 Oportunidades e riscos ... 46
2.4 Potencial ecológico ... 46
3 IA e democracia ... 47
3.1 Novos desenvolvimentos ... 47
3.2 Participação política ... 48
4 A IA e o mundo do trabalho ... 49
4.1 Desenvolvimento da automatização ... 49
4.2 Funções suplementares da IA ... 50
5 Desafios para o sector da educação ... 53
5.1 Mudanças ao longo das décadas ... 53
5.2 Vantagens dos processos de aprendizagem digital ... 53
5.3 Desafios pedagógicos ... 54
6 Documentação de formação ... 56
1 Rede contra a violência - Rede para a educação ... 62
2 Escola Wiki ... 63
Para o autor ... 66

Agradecimentos

Gostaria de agradecer a Helmut Leitner pelos 20 anos de cooperação harmoniosa na "Rede contra a Violência - Rede para a Educação" e pelos muitos impulsos num mundo digital.

agosto de 2024 Günther Dichatschek IT - Nota

- http://www.netzwerkgegengewalt.org/wiki.cgi?

Introdução

O termo "digitalização" suscita reacções muito diversas. Por um lado, há visões de um mundo melhor e mais justo no futuro; por outro, há receios de mudança e até medo das máquinas electrónicas.

Uma tentativa de definição simples pode ajudar. A digitalização é a conversão e apresentação de informações em ficheiros, utilizando tecnologias electrónicas de informação, como computadores, telemóveis, aplicações da Internet e várias bases de dados de ficheiros.

Mais ou menos despercebida, a tecnologia digitalizada tornou-se um companheiro quotidiano e parte da sociedade moderna nas últimas décadas. O seu desenvolvimento é um dado adquirido; uma sociedade moderna necessita, naturalmente, de progresso tecnológico.

O ponto de partida para as considerações que se seguem é a conclusão do processo offline
- Curso "Ferramentas digitais para educadores de adultos"/ Universidade de Tecnologia de Graz, CONEDU, Werde Digital.at, Ministério Federal da Educação (2017) e análise da literatura especializada. O autor gostaria de agradecer aos seus companheiros digitais pelo seu contributo para este tópico.

O estudo não pretende ser exaustivo. Está dividido em quatro partes: digitalização geral, ensino e aprendizagem digitais, inteligência artificial e ligação em rede.

Parte I Digitalização

1 Introdução

Nos anos 90, o britânico Tim BERNERS - LEE desenvolveu a linguagem de marcação de texto HTML (Hyper Text Markup Language) e criou assim a base para a World Wide Web. Tornou o seu software WWW acessível gratuitamente em todo o mundo.

No início do milénio, o hardware tornou-se mais móvel, mais fácil de manusear e mais fácil de utilizar. Nessa altura, prevaleceu a alegria das possibilidades de uma nova tecnologia; era possível trocar informações e mensagens, partilhar conhecimentos e fazer negócios independentemente do tempo e do lugar.

Em 2004, o autor aderiu à "Rede contra a Violência - Rede de Educação". Em 2007, os educadores de adultos puderam concluir um curso offline de "Ferramentas Digitais". Em 2018 e 2020, foi concluído um programa de ensino à distância. As oportunidades e os benefícios foram reconhecíveis.

Os princípios da abertura e da participação eram e continuam a ser perigosos. A tecnologia digital permite a invasão, a vigilância e o controlo.

A pandemia do coronavírus deu um grande impulso à digitalização em 2020. O ensino em casa, o trabalho a partir de casa, os modelos de trabalho flexíveis e a videoconferência foram implementados.

A expansão das oportunidades e a sua necessidade de garantir a igualdade de oportunidades tornaram-se claras.

O interesse dos esforços de reforma educativa e da educação política está certamente presente.

2 Comunicação, meios de comunicação social e público

2.1 Comunicação

Os computadores generalizaram-se na década de 1990, seguidos das ligações à Internet. Os smartphones e os dispositivos móveis chegaram na viragem do milénio.

A evolução revela uma mudança na comunicação privada e pública. Desde então, a disponibilidade e a apresentação da informação têm estado sujeitas a alterações.

O debate público é influenciado como uma componente da cultura e da sociedade democráticas.

As novas formas de intercâmbio de informações podem ser vistas nas redes sociais, nos serviços noticiosos para smartphones, nas plataformas de vídeo ou na Web e nos microblogs, como parte da "Web social".

A comunicação sobrepôs-se agora em termos de tempo e de lugar, e a publicação tornou-se possível. Os novos géneros mediáticos, como os podcasts e os blogues de vídeo, são utilizados por amadores, editores, empresas de comunicação social e jornalistas independentes.

O fluxo de informação dificilmente pode ser registado ou ordenado. Os sistemas algorítmicos encarregam-se disso e actuam como "intermediários digitais". Selecionam o que é apresentado de acordo com critérios definidos.

Os textos estão disponíveis em linha, os filmes e a música são oferecidos em plataformas de streaming. Muitas estações de televisão e rádio oferecem as suas próprias transmissões em direto de conteúdos que reproduzem em programas lineares. Os sistemas algorítmicos também desempenham um papel importante neste domínio.

2.2 Meios de comunicação social

A evolução tecnológica está a criar novas oportunidades e condições para os meios de comunicação social convencionais.

- Todos os intervenientes são confrontados com processos de produção condensados e com uma pressão de tempo crescente.
- O "jornalismo-robô", entendido como a utilização de sistemas algorítmicos de aprendizagem, gera notícias e reportagens curtas e altera o ritmo do trabalho jornalístico.
- O jornalismo nos meios de comunicação social tradicionais existe, evidentemente. Os meios de comunicação social relevantes orientam os seus produtos para grupos-alvo. As suas ofertas publicitárias nos formatos dos meios de comunicação social que servem para os

financiar são em conformidade.

- A concorrência resulta da informação gratuita na "rede social" (cf. as fontes por vezes não seguras).

2.3 O público

O avanço da digitalização está a mudar a forma como lidamos com os serviços e a natureza dos debates públicos.

Os meios de comunicação social tradicionais filtram a informação nas redacções e formam opiniões sob a forma de comentários, entrevistas e opiniões dos leitores. ●O jornalismo está sujeito a um "código de honra" (cf. liberdade de imprensa, exatidão, distinção, exercício de influência, proteção da personalidade, privacidade, discriminação > https://www.presserat.at [28.7.21]).

Na rede social, os sistemas algorítmicos classificam a informação e decidem o que aparece nos "feeds" (notícias digitais).

A desinformação e o discurso de ódio (difamação direcionada) são áreas particularmente problemáticas.

3 Sociedade, cultura e educação

A evolução tecnológica está também a mudar as nossas vidas, práticas culturais, necessidades e oportunidades educativas e a criar novas possibilidades.

3.1 Sociedade e tecnologia

A tecnologia digital faz parte da nossa vida quotidiana, mesmo que não utilizemos a Internet (por exemplo, códigos de barras em mercadorias, códigos na receção de encomendas, sistemas de controlo digital para aquecimento, utilização de telemóveis, controlo do tempo, sistemas de controlo em automóveis e transportes ferroviários).

Os algoritmos influenciam o consumo/publicidade, a formação de opinião, os hábitos quotidianos, os sistemas de aconselhamento e apoio, os modelos empresariais e económicos, os processos de trabalho alterados e, consequentemente, os comportamentos de lazer.

Esta influência não é muitas vezes reflectida.

Este facto está ligado ao elevado grau de interiorização das atitudes individuais (socialização, educação e estatuto social).

3.2 Mudança das práticas culturais

A influência das novas tecnologias está a mudar a vida e o quotidiano.

- Os utilizadores das redes sociais estão habituados a apresentarem-se e a encenarem-se. Faz parte da cultura quotidiana, sobretudo entre os mais jovens.

- São publicadas declarações pessoais e um discurso por vezes emotivo.

- São colocadas em linha fotografias, curtas-metragens de experiências e saudações a amigos e familiares.

- Há variações no tipo de plataformas. As redes profissionais dão ênfase às competências e ao profissionalismo, as redes sociais às sensibilidades, as redes internacionais apresentam comparações, programas supra-regionais e oportunidades de cooperação.

- Os portais de notícias são utilizados diariamente. A imprensa diária internacional, os canais de televisão e os nossos próprios portais fornecem um fornecimento constante de notícias e tornaram-se a norma.

- A digitalização facilita a publicação de resultados e o seu intercâmbio no domínio da educação e da ciência.

3.3 Educação

As alterações requerem meios de comunicação e competências digitais ("literacia digital") (cf. NASSEHI 2009).

A Comissão Europeia sintetiza a importância e a necessidade em cinco domínios (cf. PIZB 3/2020, 20-21)

- Literacia da informação e dos dados - relevância das fontes e dos conteúdos

- Comunicação e cooperação - participação na sociedade e identidade própria

- Criação de conteúdos em linha - integração das bases de conhecimentos existentes e dos direitos de autor ou licenças

- Segurança - conhecimento da proteção de conteúdos, dados

pessoais e privacidade

- Resolução de problemas - identificação de necessidades e áreas problemáticas com processamento de soluções

Existe acordo quanto à aquisição no ensino escolar e extraescolar.

Uma infraestrutura digital funcional nas instituições de ensino é um pré-requisito. Os dispositivos e as redes têm de ser geridos e mantidos. A prática, em algumas escolas e universidades, de trazer dispositivos móveis de casa ("Bring Your Own Device" / BYOD) para utilização nas aulas ou no ensino exige a proteção dos dados pessoais dos aprendentes ou dos estudantes e a clarificação das condições de autorização (cf. licenças e direitos de autor, por exemplo).

Outras oportunidades de aprendizagem são cada vez mais interessantes, como os MOOC (Massive Open Online Courses), que oferecem cursos para todos (abertos), geralmente gratuitos na Internet com confirmação de participação. O princípio básico é que a educação é um bem comum.

Muitos programas de ensino à distância estão sujeitos aos respectivos regulamentos de reconhecimento estatal para certificação. Exigem e necessitam de documentos de ensino e de estudo, orientação e aconselhamento de estudo, regulamentos de exame e estão normalmente sujeitos a uma taxa de participação ou a propinas e a um quadro de estudo ou período de tempo especificado (ver a contribuição do autor http://www.netzwerkgegengewalt.org/wiki.cgi?Fernstudium).

4 Economia e trabalho

A digitalização está a automatizar o trabalho na produção industrial e a ligar em rede os processos de trabalho no sector dos serviços. Isto está a levar a uma mudança nos processos de trabalho e nos perfis profissionais. Estão a surgir novos modelos económicos e modelos empresariais.

4.1 Automatização e ligação em rede

Estas mudanças são frequentemente referidas como a "quarta revolução industrial" ("Indústria 4.0"). As pessoas já não controlam máquinas individuais; em vez disso, monitorizam cada vez mais a produção num local centralizado.

Os robots de produção e os veículos de transporte sem condutor são utilizados como hardware. Um software especial é utilizado para planear e otimizar os processos de produção auto-controlados.

Na Indústria 4.0, todos os componentes da produção são registados e ligados em rede através da Internet. Todo o processo de trabalho é automatizado, desde a compra e produção de bens até à entrega (cf. a cadeia de produção na indústria automóvel, por exemplo). As empresas industriais austríacas estão atualmente a trabalhar neste tipo de abordagem selectiva.

No sector dos serviços, certas áreas de atividade estão a desenvolver-se graças às novas tecnologias. Pensemos, por exemplo, nos programas de bónus das companhias de seguros de saúde, no aconselhamento aos clientes e nas reservas das agências de viagens e dos caminhos-de-ferro. As empresas americanas, por exemplo, alcançaram uma importância mundial graças à automatização e à utilização das novas tecnologias.

As suas ofertas vão desde a publicidade, serviços de TI, plataformas de vendas, serviços de comunicação, serviços de streaming e distribuição.

4.2 Mudanças no mundo profissional

A digitalização está a mudar o trabalho, o processo de produção e os domínios de emprego. São necessárias novas qualificações para manter a tecnologia e monitorizar os processos de produção e de trabalho. As funções de controlo e de proteção são cada vez mais importantes.

Mudanças no mercado de trabalho entre 2014 e 2030 na Alemanha (fonte: izpb 3/2020, 39)

Sectores com perdas	Menos	Mais	Sectores em crescimento
		+425.000	Serviços relacionados com as empresas
		+335.000	Serviços sociais, lares
		+250.000	Colocação da mão de obra

		+238.000	Cuidados de saúde
		+258.000	Aconselhamento jurídico/fiscal
		+125.000	Educação/ Ensino
		+73.000	Serviços informáticos
Comércio retalhista	-70.000		
Profissões metalúrgicas	-169.000		
Alojamento/restauração	-244.000		
Engenharia mecânica	-285.000		
Administração pública	-372.000		

Estão a surgir mudanças e novos modelos económicos e empresariais na área das empresas e do trabalho.

É descrita uma mudança das relações de trabalho para modelos de trabalho precários. Os jovens, as mulheres, os migrantes e as pessoas sem qualificações profissionais são particularmente afectados.

Em termos de educação e formação profissional no contexto da educação cívica, parece ser necessária uma formação profissional de base qualificada e, posteriormente, uma formação contínua e avançada adaptada (cf. RIFKIN 2005, DICHATSCHEK 2021).

5 Estónia

O país (e a região do Báltico) há muito que é conhecido pelo seu papel pioneiro na digitalização, nomeadamente no domínio dos serviços aos cidadãos. Durante anos, quase todos os assuntos das autoridades públicas, com mais de 3.000 serviços, foram transferidos para a Internet.

A chave para as possibilidades digitais é o cartão de cidadão, que serve também como bilhete de identidade, carta de condução e cartão de seguro.

A gama de serviços continua a aumentar e muitas coisas deverão ser automatizadas no futuro. Por exemplo, em caso de nascimento, o hospital regista imediatamente o recém-nascido junto das autoridades, bem como junto do seguro de saúde (existe apenas um na Estónia), das prestações sociais (abono de família, subsídios), informando os pais sobre os seus futuros direitos.

Isto não é possível para três serviços na Estónia. Os casamentos e os divórcios estão isentos por razões éticas. A presença pessoal é igualmente exigida aquando da compra de um imóvel e do reconhecimento notarial no notário.

Os estónios podem votar em linha desde 2005. Esta forma de digitalização apresenta alguns riscos.

- Em 2007, registaram-se graves ataques informáticos que paralisaram muitos serviços de Internet.
- Em 2009, vários serviços de Internet ficaram indisponíveis porque os ratos roeram um cabo terminal em Tallinn.

As impressões pessoais de uma sociedade civil digitalizada nos Estados Bálticos e, em especial, na Estónia, resultam de um semestre de estudo ERASMUS de uma filha, no semestre de inverno de 2018/2019, em Riga (Letónia), com estadias na Lituânia e na Estónia.

Fonte: izpb 3/2020, 70

6 Digitalização da bibliografia

Os títulos que são utilizados e/ou diretamente citados no artigo são enumerados.

Agência Federal para a Educação Cívica (ed.): Série Aus Politik und Zeitgeschichte n.º 18-19/2016, Trabalho e digitalização, Bona

Agência Federal para a Educação Cívica (ed.): Informação sobre Educação Cívica/ izpb 3/2020, Digitalização, Bona

Dichatschek G. (2019): Trabalho dos media. Aspectos da formação contínua no contexto da educação política/educação para os media/educação para os media, Saarbrücken

Dichatschek G. (2021): Orientação profissional - teoria, prática e campos de ação, aspectos da transição da escola para o mundo do trabalho, Saarbrücken

Parecer da Comissão de Ética dos Dados, outubro de 2019 >

https://datenethikkommission.de (27.7.21)

Nassehi A. (2009): Muster: Theorie der digitalen Gesellschaft, Munique

Otto Ph. - Graf E. (ed.) (2018): 3TH1CS die Ethik der digitalen Zeit,

Bona Rifkin J. (2005): O fim do trabalho e o seu futuro, Frankfurt/M.

Rosenbach M. - Stark H. (2014): A NSA - Complexo. Edward Snowden e o caminho para a vigilância total, Munique

Schmidt J. H. (2018): Social Media, Wiesbaden

Parte II Ensino e aprendizagem digitais

1 Observações preliminares

As explicações que se seguem sobre os temas "aprender e ensinar com as tecnologias" baseiam-se na importância das várias aplicações, áreas de utilização, perspectivas e tecnologias. A utilização crescente exige uma análise da área temática numa abordagem interdisciplinar.

O ponto de partida para as considerações são os

- Conclusão do em linha - curso "Ferramentas ferramentas para educadores de adultos"/ TU Graz, CONEDU (2017),
- Conclusão dos programas de ensino à distância Educação de Adultos e Desenvolvimento Sustentável/Instituto Comenius - Münster (2018, 2020) e
- Discussão da literatura especializada.

As considerações baseiam-se apenas no interesse pessoal, numa longa história de trabalho em rede e pretendem ser uma introdução a uma vasta gama de tópicos.

Como introdução a uma área temática interdisciplinar de ensino e aprendizagem apoiados pela tecnologia, o curso começa com conceitos básicos.

Os manuais em língua alemã são úteis como introdução à aprendizagem em linha ISSING - KLIMSA 2008, ao e-learning HOHENSTEIN - WILBERS 2002, sistemas de aprendizagem inovadores KUHLMANN - SAUTER 2008, ciências da educação como introdução ao ensino e à aprendizagem com os media STRITTMATTER - NIEGEMANN 2000.

O estudo baseia-se em EBNER - SCHÖN 2011 e no curso em linha "Digital tools for adult educators" da TU Graz/ CONEDU 2017.

As tecnologias de aprendizagem compreendem inicialmente dispositivos digitais e aplicações de apoio à aprendizagem e ao ensino, como a tecnologia de apresentação (retroprojetor, projetor de diapositivos), a tecnologia de comunicação (telefone, fax), a tecnologia informática (PC, computador portátil), a tecnologia Internet (correio eletrónico, World

Wide Web) e as tecnologias de sensores (RFID, GPS para telemóveis).

- E-learning - situações de aprendizagem e ensino em ligação com computadores e a Internet (frequentemente redes),

- Aprendizagem em linha - situações de aprendizagem e de ensino para o ensino à distância apoiado pela Internet e pela intranet,

- Aprendizagem combinada - ensino presencial complementado com fases em linha,

- Wikis - situações de ensino e aprendizagem com conteúdos de vários utilizadores, mas não editáveis simultaneamente,

- aprendizagem formal (aprendizagem guiada), aprendizagem não formal (aprendizagem autónoma) e aprendizagem informal (aprendizagem natural na vida quotidiana),

- aprendizagem ao longo da vida - aprendizagem e ensino ao longo da vida

As principais disciplinas de referência são a psicologia da educação e a informática. As áreas de especialização mais pequenas são a educação para os media, o ensino profissional, desenvolvimento do pessoal, gestão da educação e desenvolvimento organizacional.

Os tópicos abordados incluem uma introdução, digitalização, panorâmica técnica, ensino à distância, didática, pedagogia dos meios de comunicação, aprendizagem baseada nos meios de comunicação, avaliação do desempenho e aprendizagem e ensino com adultos. A amplitude da área temática pode ser reconhecida pelas disciplinas relacionadas.

2 Digitalização

Os fenómenos de mudança e os sistemas educativos são abordados a seguir.

2.1 Fenómenos de mudança

O elétrico (e-Mail, e-Car, AT), o informático (i-X, iPad) e o digital estão cada vez mais presentes no nosso mundo, no sentido de "computação única" (ubiquitous computer), até ao chip com capacidade de comunicação no bilhete do teleférico e em cada produto. O altifalante torna-se um terminal de reconhecimento de voz (Alexa), o frigorífico do futuro "conhece" o seu conteúdo, a caixa de supermercado sem pessoas do futuro "lê" o conteúdo do carrinho de compras comunicando com os produtos.

O "1984" de Orwell é ultrapassado várias vezes. Cada telemóvel localiza o seu utilizador e tende a espiar o que o rodeia com um microfone e uma câmara. O smartwatch/relógio de fitness ouve cada batimento cardíaco e cada passo e regista e assinala o stress e a qualidade do sono.

As invenções ou acontecimentos têm uma influência a longo prazo no desenvolvimento, muitas vezes ao longo de séculos, mesmo sob a forma de um ciclo de vida. Pensemos, por exemplo, na agricultura, na Idade do Ferro, nos barcos à vela e na eletricidade. O desenvolvimento e a utilização do computador estão também no meio de uma evolução tempestuosa, cujo fim se supõe frequentemente próximo, mas que não é atualmente previsível em termos de conteúdo ou de tempo em 2022.

A digitalização, enquanto utilização de tecnologias informáticas, é uma maratona, um "alvo em movimento", e não algo que se possa fazer. Esta evolução é ilustrada por um exemplo. A partir do quarto trimestre de 2020, a Apple está a estabelecer novos padrões com o "Apple Silicon" e a alargar os limites do que é viável em PCs/tablets/smartphones baratos para o utilizador final. A transição para o processo de fabrico de 5 nm permite CPUs ainda mais altamente integradas, mais potentes, mais eficientes em termos energéticos e mais económicas. A CPU é actualizada para um SOC (sistema em chip), são acrescentados componentes adicionais à CPU: GPUs (unidade de processamento gráfico) potentes e, pela primeira vez, processadores especiais que suportam ML (aprendizagem automática, redes neuronais como o reconhecimento da fala e o reconhecimento de imagens) com elevado desempenho. Desta forma, 32 processadores estão agora a trabalhar em paralelo no primeiro chip M1. Isto representa um salto quase disruptivo no desenvolvimento, com uma reivindicação de liderança de mercado que irá abalar a concorrência (Indel, AMD, Nividia) e forçar reacções/inovações/reduções de preços maciças.

Para a aprendizagem e o ensino digitais, isto significa um novo impulso para dispositivos móveis mais potentes e mais baratos em 2021-2022, combinados com produtos de software, como software de aprendizagem com fácil usabilidade e inteligência artificial de alta qualidade.

2.2 Sistemas de ensino e digitalização

Os sistemas de ensino são sistemas lentos, que se atrasam em relação ao desenvolvimento. Isto aplica-se à Áustria, em comparação com a Alemanha cosmopolita e competitiva (orientada para a concorrência) e com a Suíça financeiramente forte, economicamente experiente, participativa e democrática.

Para o efeito, seria necessário o seguinte

- a reforma e a flexibilização do sistema educativo como um objetivo em si mesmo (formação ao longo da vida, maior qualificação dos professores),
- a uma reforma do conteúdo com uma reavaliação transparente de todos os módulos de conhecimentos e competências,
- Pré-requisito para novas disciplinas e redes de disciplinas,
- Fundos orçamentais suficientes e fundos orçamentais suficientes e uniformes para a digitalização do ensino como tarefa permanente,
- Não marginalizar outras necessidades de reforma, como a formação de professores, a migração e a arquitetura escolar,
- tirar partido do potencial digital através de uma maior participação e colaboração, e
- educação para promover os pontos fortes individuais e a diversidade vibrante com o envolvimento de todas as partes interessadas.

3 Visão geral técnica

Aborda os dispositivos finais no processo educativo e o ensino na sua utilização, historicamente desde o quadro de giz até ao PC - portátil - netbook (cf. precisamente EBNER - SCHÖN 2017, 23-30).

- Quadro de giz - remonta a James Pillans (1778 - 1864) (cf. WAGNER 2014, 170)
- Quadros brancos - desenvolvimento posterior a 1990, utilizados com canetas de feltro especiais

- Projectores de diapositivos - desenvolvidos pela Leitz (Wetzlar) em 1926, os diapositivos e as tiras de diapositivos são projectados numa superfície através de uma lente
- Projetor de luz do dia (retroprojetor) - desenvolvido em 1960 para transparências transparentes para uma superfície de projeção à luz do dia, contacto visual entre o professor e o público
- Epiprojectores (episcópio) - projeção de papel opaco ("projeção de luz incidente")
- Televisores, gravadores de vídeo, leitores de DVD - Os televisores remontam a uma patente de Paul Nipkow em 1886, seguindo-se os ecrãs planos de vários tamanhos - Os gravadores de vídeo gravam e reproduzem filmes, seguindo-se o leitor de DVD de alta capacidade em 1996
- Ecrã tátil - interação com um computador através do toque no ecrã, anteriormente utilizado com frequência em monitores de informação e caixas multibanco, atualmente em telemóveis, tablets, computadores portáteis e leitores de MP3
- Projetor de vídeo ("Beamer") - sinal de vídeo de um computador ou leitor de DVD num ecrã
- PC, computador portátil, netbook - primeiro computador eletrónico desenvolvido por Konrad Zuse por volta de 1938-1945, os computadores modernos baseiam-se em John von Neumann nos anos quarenta, o primeiro computador portátil como PC móvel foi apresentado pela IBM em 1975, o netbook como versão mais pequena tem frequentemente apenas um baixo desempenho
- Ecrãs interactivos com caneta - ecrã sensível ao toque com caneta, comparável a um computador tablet
- Telemóveis - com o smartphone como telemóvel e a funcionalidade alargada dos assistentes pessoais digitais, os dispositivos estão equipados com uma câmara de alta resolução, Internet, módulos GPS e ecrãs tácteis, o primeiro smartphone desenvolvido pela IBM em 1992 ("Simon")
- Tecnologias actuais e futuras - a tecnologia futura mais importante é o computador tablet na sua forma atual, como o Apple iPad.

A tecnologia multi-toque foi utilizada pela primeira vez em 2005 num painel de controlo de uma mesa de mistura. Seguiram-se as conhecidas "slates" actuais (computadores tablet sem teclado externo).

A diversidade das tecnologias nos processos de ensino e educação aponta para outras possibilidades. Em geral, há sempre dificuldades e ceticismo na sua utilização, mas o caminho a seguir no progresso tecnológico é claro, tendo em conta a pedagogia dos media e a pedagogia da engenharia em articulação com a informática (cf. WAGNER 2014, MELEZINEK 1977).

4 Ensino à distância

A função de interação, flexibilidade espacial e temporal com possíveis didácticas é diferenciada como um desenvolvimento em três gerações (fases de desenvolvimento), a partir de cerca de 1850 a geração da correspondência, a partir de cerca de 1960 a geração das telecomunicações ou da universidade aberta e a geração do computador e da Internet a partir de cerca de 1990.

Posteriormente, devem ser tidos em conta os desenvolvimentos na aprendizagem em linha e os desenvolvimentos mais recentes na aprendizagem móvel e colaborativa (cf. PETERS 1997, 27; EBNER - SCHÖN 2027, 45-53).

4.1 Aprendizagem apoiada pelos media

A aprendizagem apoiada pela tecnologia é uma aprendizagem apoiada pelos media. A aprendizagem está intimamente relacionada com o ensino; a teoria básica da aprendizagem é formada por uma cultura de aprendizagem e pela didática.

Os meios de comunicação permitem um conhecimento alargado dos conteúdos e das técnicas de aprendizagem. A comunicação e o feedback, enquanto processo social entre alunos e professores, bem como o contacto entre alunos, resultam numa interação moderna através das TIC (tecnologias da informação e da comunicação).

O desenvolvimento da Internet e as possibilidades didácticas de aprendizagem em linha resultaram numa mudança de paradigma.

- As universidades oferecem atualmente cursos e programas de licenciatura em linha.

- Existe e-learning nas escolas, na educação de adultos no sector do ensino quaternário e na formação em empresas (ver DICHATSCHEK 2017, 2018; curso em linha "Ferramentas digitais para educadores de adultos"/ TU Graz, CONEDU 2017).

O ensino à distância caracteriza-se pela separação espacial e temporal entre professores e alunos; os meios de comunicação permitem processos de aprendizagem, interação e flexibilidade. As opções didácticas e os conteúdos oferecidos são diferentes, tal como as opções de certificação e as taxas de participação.

4.2 Inovações tecnológicas

Segundo GARRISON (1985, 239-240; citado por EBNER - SCHÖN 2017, 46)
distinguem-se três gerações/fases de desenvolvimento da inovação tecnológica como uma mudança de paradigma na aprendizagem e no ensino no ensino à distância. Os meios de comunicação impressos, os meios de telecomunicações e o computador (comunicação de dois canais) são essenciais, complementados por rádio, televisão ou DVD de um só canal.

- Ensino à distância baseado na impressão - estudo de cartas ou documentos para estudo autónomo (cf. LANGENSCHEIDT - TOUSSAINT Cursos de língua francesa com transcrição fonética e, posteriormente, com registo), essencialmente sem supervisão nos primeiros tempos e, por conseguinte, não propriamente um ensino à distância. A Grã-Bretanha fundou a "Universidade da África do Sul (UNISA)" em Pretória (SA) em 1875 como a primeira universidade de ensino à distância do mundo.

- Ensino à distância e telecomunicações

- A Universidade Aberta Britânica (OUUK), fundada em 1969, é pioneira. Em 1974, foi fundada a universidade de ensino à distância de Hagen, nos países de língua alemã, que ainda hoje é a maior universidade da Alemanha. Nas universidades de ensino à distância seguintes, foi aplicada uma abordagem sistémica, processos de conceção de cursos, preparação didática dos meios de comunicação social e apoio técnico e organizacional aos estudantes, num processo baseado na divisão do trabalho. Os centros de estudo baseados no modelo OUUK com acesso à tecnologia, videoconferência, materiais de estudo, serviços de biblioteca, serviços de aconselhamento aos estudantes e centros de exame constituem uma parte importante do sistema de apoio (universidade de ensino à distância de Hagen com 13 centros regionais).

- Os meios de telecomunicações permitem a transmissão e a comunicação de som, imagem e texto. A riqueza de possibilidades como o telefone, o fax, a televisão, o vídeo e a rádio, bem como a conferência áudio, vídeo e informática, dá origem à expressão "ensino multimédia à distância", que é utilizada não só nas universidades de ensino à distância, mas também nas "bush schools" na Austrália, por exemplo.

- Computador - Internet ("Computer Assisted Learning"/ CAL)

- A interação é entendida como a ligação ao programa de computador, embora as aulas programadas não sejam muito bem sucedidas sem interação social e um diálogo entre alunos e professores e entre os próprios alunos.

- Em 1989, o britânico Tim BERNERS-LEE (CERN/"Organização Europeia para a Investigação Nuclear") publicou uma proposta com a ideia de um sistema em rede, posteriormente designado por "World Wide Web" (WWW). Murray TUROFF, do New Jersey Institute of Technology (1995), é considerado o inventor do método de conferência informática ("Computer Comunicação Mediada por Computador"/CMC e criador da plataforma CMC "Virtual Classroom". Como resultado, os actuais sistemas de aprendizagem e de gestão de campus evoluíram. O diálogo pessoal e as ferramentas para a aprendizagem e o trabalho em colaboração são o contributo mais valioso da nova tecnologia para o ensino à distância (cf. KIRKWOOD 1998, 1228-241, citado em EBNER - SCHÖN 2017, 50).

4.3 Aprendizagem apoiada pela tecnologia

A aprendizagem em linha ou e-learning desenvolveu-se fortemente em meados da década de 1990. Os EUA são um bom exemplo, com 2,9 milhões de estudantes a frequentar cursos em linha em 2007 (cf. ALLEN - SEAMAN 2008 > http://www.sloan-c.org/publications/survey/pdf/staying_the_course.pdf [7.1.21]).

Consequentemente, cada vez mais jovens decidiram estudar em linha depois de saírem da escola, sendo o grupo etário dos 25 aos 44 anos o mais numeroso. Nos EUA, as universidades presenciais tornaram-se cada vez mais caras e a necessidade de ganhar dinheiro fez do estudo a tempo parcial uma opção educativa acessível.

Os dispositivos móveis, como os telemóveis e os computadores tablet, permitem a aprendizagem eletrónica num PC e o acesso ao conhecimento e à informação em tempo real. O processo de educação democrática está, assim, a conhecer um aumento do seu nível de desenvolvimento.

4.4 Aprendizagem colaborativa na Web 2.0

Web 2.0 é um termo utilizado para descrever novas aplicações interactivas na Internet e na WWW. Os próprios utilizadores podem criar conteúdos. Os exemplos incluem wikis, blogues e etiquetagem social (indexação colaborativa), bem como portais de partilha de imagens e vídeos.

A aprendizagem cooperativa oferece-se a si própria (cf. ERPENBECK - SAUTER 2007). Está a surgir um grande número de ofertas na Web que não têm a sua própria base de dados, mas que combinam dados de terceiros em novos serviços ("mash-up"). A criatividade do utilizador está a tornar-se um elemento essencial. Exemplos disso são a Wikipédia e o Flicker. As fronteiras entre produtores e consumidores da fase da Web 1.0 estão a desaparecer. As "redes sociais", como o Xing, o Facebook, o StudiVZ e o YouTube, bem como os meios de comunicação, como os blogues, criam espaços de comunicação na Internet (cf. WOLLING 2009, 7-18).

"Os Ambientes Pessoais de Aprendizagem (PLE) são misturas baseadas na Web com um ambiente de aprendizagem individualizado. A aprendizagem auto-dirigida e ativa dos estudantes está a tornar-se mais central (cf. SCHAFFERT - KALZ 2008, 1- 24).

5 Didática

As teorias de aprendizagem constituem uma base importante para as decisões didácticas e as estratégias de ensino. Os paradigmas incluem o behaviorismo, o cognitivismo, o construtivismo e, em certa medida, o conectivismo (cf. EBNER - SCHÖN 2017, 93).

Os objectivos de um projeto de ensino são decisivos para a estratégia de implementação ou de conceção; a análise dos objectivos é apoiada por taxonomias de objectivos de ensino. Dois formatos clássicos são o ensino expositivo e o ensino exploratório em ligação com um ambiente de aprendizagem adequado.

5.1 Introdução

Atualmente, a didática é definida na ciência da educação como a ciência do ensino e da aprendizagem (cf. KLAFKI 1995, 92-93). A distinção entre didática e metodologia, enquanto conceito, não desempenha praticamente qualquer papel hoje em dia. No ensino e formação profissionais, a didática é frequentemente equiparada a uma abordagem planeada do ensino. Pressupõe-se a interação entre professores, alunos e conteúdos de ensino (cf. "triângulo didático").

O ensino é entendido como um comportamento ou uma ação orientada para um objetivo (cf. STRITTMATTER - NIEGEMANN 2000, 9-10). As funções de ensino incluem a motivação e a motivação, a transmissão de informação, a garantia de compreensão e processamento, a garantia de retenção e recordação de conteúdos, a extensão e composição, bem como a sequenciação (sequência), a garantia de transferência de conhecimentos (aplicação de conhecimentos) para novas tarefas e situações e a orientação para a realização (supervisão e apoio).

Na investigação moderna sobre o ensino e a aprendizagem, o termo "scaffolding" é utilizado nestas medidas de ensino para ajudar os aprendentes a adquirir os seus próprios conhecimentos (cf. SHUELL 1996, 752). As seguintes funções de aprendizagem iniciadas pelos aprendentes e/ou pelo ambiente de aprendizagem destinam-se a alcançar o sucesso de aprendizagem desejado, tais como gerar expectativas, motivar, ativar conhecimentos prévios, dirigir a atenção, codificar (memorizar conteúdos cognitivos), comparar, gerar hipóteses, repetir, receber feedback, receber avaliações, monitorizar, combinar e integrar o que foi aprendido. A didática (especializada) e as sequências que devem cumprir as funções de aprendizagem permanecem em aberto.

5.2 Visão geral Teorias da aprendizagem

5.2.1 Comportamentalismo

O behaviorismo, enquanto teoria da aprendizagem, dominou os princípios da psicologia da aprendizagem até meados do século XX. Baseia-se no modelo estímulo-resposta. O cérebro é visto como um órgão que reage aos estímulos com um comportamento inato ou aprendido. Novos estímulos moldam o comportamento.

No condicionamento clássico, um estímulo neutro é temporariamente associado a um estímulo que desencadeia uma reação reflexa; isto funciona para as reacções fisiológicas e emocionais (medo, stress; cf. WATSON - RAYNER 1920,1-14).

No condicionamento operante, um comportamento espontâneo é reforçado com um estímulo agradável ou com a remoção de estímulos desagradáveis e, assim, moldado (cf. SKINNER 1954, 221-233). O comportamento é aprendido através da ação e da imitação. BANDURA (1977) acrescentou aspectos cognitivos à "aprendizagem por modelação".

A aprendizagem como forma especial de comportamento é entendida como uma forma de formação. Isto conduz inevitavelmente a um papel autoritário do professor (cf. EBNER - SCHÖN 2011, 95).

5.2.2 Cognitivismo

No início dos anos 80, a importância crescente das áreas técnicas, designadas por "paradigma do processamento da informação", levou a uma reivindicação de liderança na teoria da aprendizagem (cf. BAUMGARTNER - PAYR 1999). A aprendizagem é considerada como um processo mental que pode ser modelado no processamento de informação no computador.

A informação é absorvida e processada com a aquisição de conhecimentos. Os processos de ensino e aprendizagem são, na sua maioria, informações codificadas linguisticamente do emissor (professor) para o recetor (aluno). A abordagem conexionista complementa ou modifica o cognitivismo com modelos biológicos (cf. REY 2000).

Caracteriza-se pela rotulagem e procura de processos cognitivos. Os professores preparam os conteúdos de forma didática para facilitar o processamento da informação. A relação de comunicação é bidirecional (cf. BAUMGARTNER - PAYR 2004).

5.2.3 Construtivismo

As variantes desta teoria da aprendizagem referem-se à epistemologia, à neurobiologia, investigação sobre o cérebro; ciências da comunicação, sociologia do conhecimento e investigação cognitiva (cf. PÖRKSEN 2001). Comum às abordagens teórico-científicas é a visão de que a realidade não pode ser objetivamente percebida e descrita e, portanto, não pode ser reconhecida sem pressupostos (cf. EBNER - SCHÖN 2011, 96).

O pensamento, a perceção e a cognição baseiam-se nas construções de um observador. O ser humano forma um sistema ligado ao meio ambiente. O nosso cérebro só reage a informações vindas do exterior que já tenham sido processadas e interpretadas (autopoiese). A aprendizagem é, portanto, um processo autopoiético, estimulado ou perturbado pelo exterior.

Requer ambientes de aprendizagem com problemas complexos e conteúdos autênticos, o estímulo de experiências pessoais e oportunidades de intercâmbio social (cf. REUSSER 2006, 151-168). O conhecimento é, portanto, uma construção individual e social.

Os estudos de campo com observação participante e métodos interpretativos destinam-se a compreender melhor fenómenos complexos. Na perspetiva do construtivismo, as pessoas moldam o seu ambiente e modificam-no. O ensino e a aprendizagem são considerados como sistemas diferentes, eventualmente com ligações pouco sólidas. Por conseguinte, o ensino parece fazer pouco sentido (cf. EBNER - SCHÖN 2011, 96). Como treinador, o professor tem uma vantagem em termos de experiência e apoia as actividades de aprendizagem.

5.2.4 Conectivismo

Controverso enquanto teoria de aprendizagem por direito próprio, o conectivismo entende a aprendizagem como um processo auto-organizado que tem lugar em redes e consiste na criação de ligações.

A abordagem passa a ser o conhecimento distribuído para utilização em redes reais e virtuais (cf. MOSER 2008). A abordagem baseia-se na constatação de que, num mundo mediatizado e tecnologizado, é mais provável que as pessoas criem novas ligações do que construam algo novo. Com base num mundo em rápida mudança, ter de tomar decisões já é visto como um ato de aprendizagem.

Neste caso, não é possível uma abordagem didática do ensino. Os alunos são responsáveis por se apoiarem mutuamente e utilizarem as fontes de informação disponíveis. Os professores podem, na melhor das hipóteses, facilitar as redes.

5.3 Ensino de taxonomias objectivas

Os objectos, processos ou fenómenos são organizados como um esquema de classificação com regras uniformes.

Uma taxonomia de objectivos de ensino categoriza objectivos de ensino concretos ou abstractos, bem como objectivos de ensino específicos ou interdisciplinares. Podem ser identificadas diferentes dimensões da aprendizagem, como os objectivos de ensino cognitivos, emocionais e motores. O exemplo clássico de uma taxinomia de objectivos de ensino é a taxinomia desenvolvida nos anos 50 por BLOOM e colaboradores com objectivos de ensino cognitivos, afectivos e psicomotores (cf. BLOOM - KRATHWOHL 1956).

Posteriormente, ANDERSON e KRATHWOHL (2001) reviram a taxonomia de Bloom. A sua matriz refere-se exclusivamente à cognição (conhecimento factual, conhecimento concetual, conhecimento processual, conhecimento metacognitivo/conhecimento sobre o próprio conhecimento).

Os tipos de objectivos de aprendizagem são por vezes recomendados como alternativa (cf. OSER - PATRY 1990). Os objectivos de aprendizagem não são classificados hierarquicamente nem de acordo com as dimensões. Cada tipo de objetivo de aprendizagem é atribuído a uma forma específica de aprendizagem, constituindo assim um modelo de base.

- Aprender através da experiência pessoal e aprender pela descoberta,
- Formação de termos e de conceitos para construir factos, saberes e conhecimentos em rede e
- A formação de rotina e a formação de competências como objetivo o

objetivo da automatização.

6 Educação para os media

A educação para os media é atualmente parte integrante do nosso sistema educativo. A pedagogia e a didática são pontos fulcrais. Sendo uma área temática alargada, existem diferentes tendências na educação para os media.

De acordo com EBNER - SCHÖN (2011, 103 - 105), a educação para os media educativa, crítico-emancipatória, educativo-tecnológica e orientada para a ação desempenha atualmente um papel importante. O objetivo é desenvolver competências mediáticas, e a Web 2.0 está a tornar-se cada vez mais importante.

Diferentes áreas temáticas e as suas questões influenciam a educação para os media, a ciência da educação, a ciência dos media, a ciência do jornalismo e da comunicação, a psicologia e a sociologia (cf. SWOBODA 1994, 11-24; BAACKE 2007, 4).

Os processos educativos e de formação estão relacionados com os tempos livres, a formação básica e contínua, a educação política, a interculturalidade, a educação empresarial e a educação profissional.

6.1 Tendências na educação para os media

As diferentes correntes da educação para os meios de comunicação social têm divergido ao longo do tempo, existindo por vezes lado a lado até aos dias de hoje, tais como as posições tradicionais preservacionistas, crítico-emancipatórias, educativo-tecnológicas e orientadas para a ação.

- A posição preservacionista da educação defende a proteção contra influências nocivas dos meios de comunicação no processo educativo dos novos meios de comunicação e dos meios de comunicação de massas (cf. POSTMAN 2003, SPITZER 2006).

- A posição crítico-emancipatória baseia-se na teoria crítica e implica uma análise dos meios de comunicação impressos e electrónicos e das suas estruturas de poder. As ciências sociais centram-se na mudança social politicamente orientada (cf. GANGUIN - SANDER 2008, 62). A abordagem carece da prática e da orientação para a ação em que poderia ter sido eficaz. A formação de um contra-público e do indivíduo político ativo seria de interesse para a educação política.

- A posição da tecnologia educativa preocupa-se com as possibilidades de utilização dos media nos processos educativos, a fim de melhorar o ensino e a aprendizagem (cf. HÜTHER - PODEHL 2004, 117).

- A posição orientada para a ação melhora a utilização. Os meios de comunicação social orientados para a ação dos anos 80, com o jornalismo cidadão e os canais abertos, melhoram a utilização dos meios de comunicação social, dando origem ao conceito de literacia mediática. Este conceito reconhece o contexto da educação para os media com a evolução da sociedade no seu conjunto e a atual estrutura participativa dos media da Web 2.0.

6.2 Competência mediática

BAACKE (2007) deu significado ao termo, segundo o qual a competência mediática foi desenvolvida a partir do conceito de "competência comunicativa" de Jürgen HABERMAS.

Neste caso, entende-se a capacidade abrangente das pessoas de comunicarem através de símbolos de natureza linguística e não linguística (cf. SCHORB 2009, 50-56). O objetivo é moldar e mudar a forma como as pessoas vivem em conjunto.

- A comunicação é, portanto, orientada para uma realidade social. Na diversidade da terminologia, a literacia mediática depende da tecnologia mediática atual (cf. STRITTMATTER - NIEGEMANN 2000, 38; EBNER - SCHÖN 2011, 107).

- Os estudos dos media são abordados na dimensão cognitiva, a utilização dos media na dimensão da orientação para a ação, a ética dos media na dimensão moral e a conceção dos media na dimensão estética.

- O desenvolvimento de competências mediáticas na aprendizagem e no ensino formais diz respeito às escolas, às universidades e ao sector da educação extraescolar da juventude e, em especial, à formação profissional.

A competência em matéria de meios de comunicação digitais significa uma competência ativa (criação, conceção, publicação) e passiva (consumo, avaliação, apreciação) com a caraterística especial de

- Os meios de comunicação digitais tendem a ser meios de comunicação de massas (acesso mundial),

- quase sem custos para o indivíduo,

- Isto implica custos consideráveis para os operadores, financiados principalmente pelas receitas dos produtos ou pelas taxas de utilização,

- Os organismos de formação necessitam de um orçamento para as TI e

- espaços publicitários específicos e uma avaliação dos utilizadores ("pessoa transparente").

7 Aprendizagem baseada nos media

7.1 Planeamento e conceção

A conceção de suportes didácticos para o ensino baseado nos meios de comunicação num ambiente de aprendizagem baseado nos meios de comunicação exige um planeamento e uma conceção sistemáticos.

Ao contrário do planeamento das aulas, os meios de ensino devem ser concebidos e desenvolvidos até ao mais ínfimo pormenor como base para uma aprendizagem em grande parte autónoma (cf. STRITTMATTER - NIEGEMANN 2000, 7-17). Na perspetiva atual, a falta de referência a um modelo psicológico do processo de ensino-aprendizagem é problemática.

Uma outra evolução, raramente utilizada na Europa, desenvolveu-se na América do Norte. "Didactical" em inglês norte-americano tem uma conotação bastante negativa. Representa um ensino rígido e determinado pelo professor, ao estilo da instrução religiosa da escola dominical (isto é, frontal - dominante - reproduzindo - memorizando - aprendendo de cor no formato do materialismo didático).

Os modelos de planificação de programas educativos distinguem entre diferentes objectivos de ensino e categorias de objectivos de ensino numa sequência específica de etapas de aprendizagem.

Este "Modelo de Desenvolvimento Instrucional" / ID abrange tudo, desde as aulas escolares até aos ambientes de aprendizagem apoiados por computador (cf. GUSTAFSON - BRANCH 1997).

Os elementos centrais desta abordagem e desta teoria são

- Recomendações sobre o que fazer,
- emdeterminadas condições gerais com determinados pré-requisitos de aprendizagem,
- para atingir os objectivos de aprendizagem de uma categoria.

7.2 Instrução

A instrução baseia-se em teorias de instrução e inclui a demonstração, a narração e a explicação, bem como materiais, requisitos de tarefas e reacções às actividades dos alunos.

A instrução é, portanto, mais abrangente do que o ensino e inclui o desenvolvimento de meios de ensino e a sua utilização (cf. STRITTMATTER -NIEGEMANN 2000, 8). A partir dos anos 60, a ID desenvolveu uma tecnologia de planificação e organização dos processos educativos nos EUA, incluindo a formação contínua, que teve como pioneiro Robert M. GAGNE (1985). Distinguem-se cinco categorias de objectivos de ensino.

O princípio básico da ID é garantir os requisitos de aprendizagem para os seguintes conteúdos de ensino.

É necessário classificar as competências.

- Conhecimentos linguísticos - termos, argumentos, conhecimentos factuais e teóricos,
- Competências cognitivas - discriminação, conceitos descritivos e abstractos, regras e resolução de problemas,
- Estratégias cognitivas - desenvolvimento de métodos para melhorar a eficiência dos processos de pensamento e de aprendizagem,
- Atitudes - estados mentais quando se decide como agir em relação a pessoas, coisas e acontecimentos,
- Competências motoras - executar tarefas práticas utilizando equipamentos e materiais, procedimentos corretos e fluentes em tempo e com precisão adequados.

São recomendados métodos de ensino adequados aos resultados de aprendizagem pretendidos. GAGNE (1985, 245) distingue uma sequência específica de eventos de ensino ("etapas de ensino"). Trata-se das condições de aprendizagem necessárias para a aquisição de competências.

- Ganhar atenção
- Informações sobre os objectivos de ensino
- Ativação de conhecimentos prévios
- Apresentação da matéria
- Guia de aprendizagem
- Aplicação do que foi aprendido
- Dar feedback
- Acompanhamento e avaliação do desempenho
- Garantir a transferência

7.3 Potenciais digitais

Criar potencial digital

- aumento das opções de comunicação digital e participação de todos os intervenientes no sistema educativo,
- manuais digitais e materiais didácticos, tais como uma biblioteca gratuita até ao exame de conclusão do ensino secundário, um cartão de memória para cada cidadão,
- Os vídeos explicativos digitais podem ser integrados nas aulas,
- Desenvolvimento de cursos em linha nos diferentes domínios da educação para a qualificação e
- Gamificação dos conteúdos de aprendizagem, sala de aula invertida (aprendizagem em casa).

7.4 Infra-estruturas técnicas

Largura de banda é o termo que designa a quantidade de dados, em bits ou bytes, que podem ser transportados através de uma determinada linha de dados por unidade de tempo/segundo. As ligações modernas à Internet para vídeos e descarregamentos rápidos são designadas por "banda larga" e situam-se na gama de 1-1000 Mbit/s.

Servidores detidos e controlados por uma instituição de ensino para fornecer apoio digital a professores e alunos para aprendizagem e ensino digitais na instituição de ensino e a partir de casa ("ensino à distância").

As colecções de meios de comunicação digitais geralmente disponíveis (biblioteca de meios de comunicação digitais) formam áreas de armazenamento por área temática e por período de tempo.

7.5 Desenvolvimento de situações de ensino e aprendizagem

O fenómeno M 0 0 C (Massive Open Opline Course) refere-se a cursos em linha que podem ser concluídos por um grande número de alunos. Estes cursos em linha tornaram-se conhecidos nas universidades de elite dos Estados Unidos e, durante alguns anos, passaram a ser uma visão do futuro do ensino universitário.

A educação digital abre perspectivas de desenvolvimento para as zonas rurais e periféricas.

- Os estudantes podem concluir estudos e diplomas de elevada qualidade sem terem de emigrar. A cobertura de banda larga é necessária para o estabelecimento e a deslocalização de empresas.

- A cobertura de banda larga é também essencial para tornar a região atractiva para os recém-chegados à cidade e para os turistas.

7.6 Áreas problemáticas

Enquanto posição de mediação, as vantagens e desvantagens também se aplicam ao ensino e aprendizagem digitais.

- Como "aprender com teclado e ecrã", o lado social é suprimido porque a aprendizagem através do contacto e da comunicação é dificultada pela tortura da transmissão vídeo. Haverá provavelmente perdedores e vencedores, pessoas com e sem talento.

- É criada uma familiaridade com produtos e ferramentas digitais, necessária tanto na vida quotidiana como nas empresas.

- A tentação de "copiar e colar" torna mais difícil a leitura do próprio trabalho. Há o risco de esta atitude se prolongar pela escola e chegar à universidade sem que se tenha consciência de que se está a cometer um erro (palavra-chave "plágio").

O ensino e a aprendizagem digitais são indispensáveis em determinadas situações que exigem a aquisição de competências de auto-organização e de autodisciplina. Estas subetapas no caminho da autonomia educativa com responsabilidade pessoal e auto-organização (aprendizagem ao longo da vida) devem ser tidas em conta.

8 Avaliação do desempenho com os sistemas E - Avaliação

Após a fase de transferência de conhecimentos, os exames por computador estão a tornar-se cada vez mais importantes.

Os sistemas de avaliação eletrónica permitem a preparação, a aplicação e o acompanhamento electrónicos dos controlos do progresso da aprendizagem. A secção seguinte trata dos aspectos didácticos, metodológicos e organizacionais.

- Um controlo do progresso da aprendizagem é uma consulta, uma medição e uma avaliação do conhecimento interiorizado e do domínio dos métodos por parte de um aprendente. O objetivo é fornecer informações sobre o estado da aprendizagem.

- As avaliações electrónicas devem cumprir os requisitos nas dimensões da didática, da metodologia e da organização (cf. GRUTTMANN 2010). O apoio técnico também deve ser tido em conta.

Didática - influência sobre os objectivos de ensino e de aprendizagem, influencia o tipo de controlo do progresso da aprendizagem (DML) - avaliação formativa com vários testes mais pequenos como parte do processo de aprendizagem, visão geral contínua do progresso da aprendizagem - avaliação sumativa com a realização do objetivo de aprendizagem, conclusão da fase de aprendizagem com certificação - avaliação diagnóstica com diferentes formas, como o acompanhamento da aprendizagem ou o carácter seletivo

Metodologia - tarefas convergentes com definição precisa da solução (por exemplo, tarefas de escolha múltipla) - tarefas divergentes registam conhecimentos de base, métodos de solução e justificação (por exemplo, tarefas de texto livre)

Organização - estruturação necessária por fases

- Preparação - Catálogo de perguntas, Lista de

participantes, salaatribuição da sala e do tempo e registo de dados

- Realização - Funcionamento do sistema, presença e ide

- Acompanhamento - correção de trabalhos, feedback e listas de notas, arquivo

Os sistemas de avaliação eletrónica podem contribuir para melhorar a eficiência e a eficácia. As três dimensões devem ser tidas em conta. A necessidade crescente de certificação no que respeita à orientação para o desempenho na sociedade e nos sistemas educativos implica uma necessidade crescente de LFK e de exames.

9 Aprender e ensinar na educação de adultos

Aprendizagem e ensino no terciário e quaternário ensino com tecnologias

- mais autocontrolo,

- Orientação para a aplicação e flexibilidade,

- na conceção de programas de ensino e aprendizagem em conteúdos de estudo, desenvolvimento profissional e contextos privados, bem como na aprendizagem ao longo da vida.

Para nota são os existentes reservas e/ou ou falta de condições de enquadramento institucional. Com as possibilidades da Web 2.0 e a crescente internacionalidadeda educação de adultos os processos educativos baseados na tecnologia estão a tornar-se cada vez mais importantes (ver E - Plataforma para a Educação de Adultos na Europa/ EPALE > https://ec.europa.eu/epale/de/resource-centre/content/netzwerk-gegen- gewalt ; > https://epale.ec.europa.eu/de/node/152088 [12.01.21]).

Emem comparação com a anglo-saxónicos países necessidades há ofertas mais interessantes.

A educação de adultos diz respeito ao sector do ensino terciário (universidades) e ao sector do ensino quaternário, com a educação geral de adultos e a educação profissional de adultos com qualificações profissionais.

- Nesta perspetiva, os processos educativos têm a ver com novos conhecimentos com base na formação anterior (cf. a importância do aconselhamento educativo profissional).

- A tecnologia satisfaz o desejo de auto-direção, conduzindo à flexibilidade dos processos de ensino e aprendizagem. O acesso à aprendizagem é facilitado e os percursos de aprendizagem individuais são apoiados.

- A aprendizagem apoiada pela tecnologia não substitui de forma alguma a necessária interação entre alunos e professores presencialmente e não atinge uma qualidade comparável à dos eventos presenciais. Os conceitos de aprendizagem combinada são a solução ideal.

- Os adultos mais velhos e os jovens adultos com conhecimentos sobre os meios de comunicação social têm de ser capazes de utilizar os meios de comunicação social de forma segura e de reconhecer o seu valor acrescentado.

- A utilização sensata da tecnologia exige que os professores tenham competências mediáticas (cf. a importância do curso em linha "Ferramentas digitais para educadores de adultos"/ TU Graz - CONEDU).

- A educação de adultos para professores é considerada a área menos profissionalizada da educação, especialmente porque a amplitude da formação de professores não pressupõe, de forma alguma, uma formação inicial e contínua profissional (cf. para o sector do ensino superior os cursos internos de desenvolvimento do pessoal ou cursos internos de didática do ensino superior; para a área da educação geral de adultos, a Academia Austríaca de Formação Contínua, cursos internos de formação inicial e contínua oferecidos pelas instituições individuais; EBNER - SCHÖN 2011, 387 - 388).

- Os conceitos educativos bem sucedidos utilizam os meios de comunicação e a tecnologia a vários níveis institucionais e didácticos. A Web 2.0, as redes sociais em linha, os wikis e os blogues são opções possíveis. Web
2.0 oferece aprendizagem entre pares, por exemplo, e pode ser

facilmente integrado em conceitos de aprendizagem mista, juntamente com outras opções.

A questão do futuro da educação de adultos apoiada pela tecnologia dirá provavelmente respeito aos seguintes objectivos a longo prazo (cf. ISSING 2002).

- Objectivos políticos - Acesso à educação
- Objectivos económicos - aumentar a flexibilidade dos custos, reduzir os tempos de inatividade
- Objectivos didácticos - Aumentar a eficiência da aprendizagem e a orientação para a aplicação
- Objectivos de conteúdo - Promoção de competências mediáticas, de auto-aprendizagem e sociais

10 Bibliografia Ensino e aprendizagem digitais

Os títulos que são utilizados e/ou diretamente citados no artigo são listados.

Allen E. - Seaman J. (2008): Mantendo o curso - Educação Online nos Estados Unidos 2008

Anderson I.W. - Krathwohl D..R . (2001): A Taxanomy for learning, teaching, and assessment. A revision of Bloom's taxanomy of educational outcomes, Nova Iorque

Baacke D. (2007): Medienpädagogik, Tübingen Bandura A. (1977):

Social learning theory, Prenice Hall

Baumgartner P. - Payr S. (1999): Learning with software, Innsbruck

Bloom B.S. - Krathwohl D.R. (1956): Taxanomy of educational objectivies. The classification of educational goals, Handbook I: Cognitive Domain, Nova Iorque

Dichatschek G. (2017): Formação contínua de adultos. Um contributo para a teoria e a prática da educação e da formação contínua, Saarbrücken

Dichatschek G. (2018): Culturas de aprendizagem na educação de adultos e contínua. Um contributo para a teoria, a prática e os desafios específicos da ação no contexto da educação cívica, Saarbrücken

Dichatschek G. (2019): Trabalho com os media. Aspectos da formação contínua no contexto da educação política/educação para os media - educação para os media, Saarbrücken

Dichatschek G. (2020): Formação de professores. Teoria e prática da profissionalização da formação de professores, dirigentes escolares e gestão da qualidade das escolas, Saarbrücken

Die Deutsche Schule DDS, Edição 2/2017: Tema em destaque "A educação no mundo digital"

Ebner M. - Schön S. (eds.) (2011): Livro didático para aprender e ensinar com tecnologias, Norderstedt

Erpenbeck J. - Sauter W. (2007): Desenvolvimento de Competências na Rede - Nova Aprendizagem Combinada na Web 2.0, Colónia

Ganguin S.-Sander U.(2008): Critical-emancipative media education, in: Sander U.-Gross E.-Hagger K.U. (eds.): Handbuch Medienpädagogik, Wiesbaden, 61-65

Fromme J.- Sesink W. (eds.) (2008): Pedagogical Media Theory, Wiesbaden

Gagne R.M. (1985): As condições de aprendizagem e a teoria da instrução, Nova Iorque

Gruttmann S. (2010): Formatives E -Assessment in der Hochschullehre - Computerunterstützte Lernfortschrittskontrollen im Informatikstudium, Münster

Gustafson G.L.-Branch R. M. (1997): Survey of instructional development models, Nova Iorque

Hierczeg M. (2006): Einführung in die Medieninformatik, Munique

Hohenstein A.- Wilbers K. (2002): Handbook E - Learning, Colónia

Hüther J.-Podehl B. (2004): Geschichte der Medienpädagogik, in: Hüther J.- Schorb B.(Eds.): Grundbegriffe Medienpädagogik, Munique, 116-126

Issing I.J. (ed.) (2002): Information and Learning with Multimedia and the Internet. Livro de texto para estudo e prática, Weinheim

Issing I.J.- Klimsa P. (2008): Aprendizagem em linha, Munique

Klafki W. (1995): Sobre o problema do conteúdo do ensino e da aprendizagem nas escolas na perspetiva da didática crítico-construtiva, in: Hopmann S. - Riquarts K. (eds.): Didaktik und/oder Curriculum. Problemas básicos de uma didática comparativa internacional, Weinheim-Basel, 91-104

Kuhlmann A. - Sauter W. (2006): Innovative Lernsysteme: Kompetenzentwicklung mit Blended Learning und Social Software, Berlim - Heidelberg

Melezinek A. (1977): Pedagogia da engenharia - a prática da transmissão de conhecimentos técnicos, Viena

Moser H. (2008): Introdução à didática das redes. Ensinar e aprender na sociedade do conhecimento, Hohengehren

Oser F. - Patry J.L. (1990): Coreografias da aprendizagem instrucional. Modelos básicos de ensino. Berichte zur Erziehungswissenschaft 89, Freiburg/ Suíça

Austrian Journal of Political Science 2006/4 : Tema central "Media and Politics".

Peters O. (1997): Didaktik des Fernstudiums - Erfahrungen und Diskussionstand in nationaler und internationaler Sicht, Grundlagen der Weiterbildung, Berlim

Postman N. (2003): The Disappearance of Childhood, Frankfurt/ M.

Pörksen B. (2001): The Certainty of Uncertainty. Conversas sobre Construtivismo, Heidelberg

Reusser K. (2006): Konstruktivismus - vom epistemologischen Leitbegriff zur Erneuerung didaktischer Kultur, in: Bauer M. - Fuchs M. - Füglister P. - Reusser K. - Wyss H. (eds.): Didaktik auf psychologischer Grundlage - Von Hans Aeblis kognitionspsychologischer Didaktik zur modernen Lehr - Lernforschung, Bern, 151-168

Rey G.D. (2009): E - Learning, theories, design recommendations and research, Bern

Schaffert S. - Kalz M. (2008): Personal learning environments: Fundamentals, opportunities and challenges of a new concept, in: Wilbers K. - Hohenstein A. (Eds.): Handbuch E - Learning, Deutscher Wirtschaftsdienst Köln, 1-24

Schorb B. (2009): Educado e competente. Educação para os media em vez de competência para os media? in: medien + erziehung 53 (5), 50-56

Sheull Th.J. (1996): Teaching and learning in a classroom context, in: Berliner D.C. - Calfee R.C. (eds.): Handbook of educational psychology, New York, 726-764

Skinner B.F.(1954): A ciência da aprendizagem, in: American Psychologist, 11/1954, 221-233

Spitzer M.(2006): Vorsicht Bildschirm, Berlim

Strittmatter P. - Niegemann H. (2000): Ensinar e aprender com os media. Uma introdução, Darmstadt

Süss D. - Lampert Cl.- Wijnen Chr. (2010): Educação para os media. Um livro de estudo introdutório, Wiesbaden

Swoboda W.H. (1994): Educação para os media. Concepções, horizontes de problemas e campos de tarefas, in: Hiegemann S. - Swoboda W.H. (eds.): Handbuch der Medienpädagogik. Abordagens teóricas - Tradições - Campos de prática, Perspectivas de investigação, Opladen, 11-14

Wagner W. (2014): A literacia mediática revisitada. Os media como ferramentas de apropriação do mundo, Munique

Watson J.B. - Rayner R. (1920): Conditioned emotional reactions, in: Journal of Experimental Psychology 3/1920, 1-14

Wilbers K.- Hohenstein A. (Eds.) (2010): Handbuch E - Learning, 32.° Suplemento, Deutscher Wirtschaftsdienst Cologne, 1-20

Wolling J. (2009): Individualisation of media use. Perspektiven der Forschung, in: Schade H. - Walterscheid H. - Wolling J. (eds.): Individualisierte Nutzung der Medien, Tagungsband Medienforum, Ilmenau 2008, Ilmenau University of Technology, 20-21 de junho de 2008, Ilmenau, 7-18

Parte III Inteligência Artificial

Introdução

Lê-se muito sobre inteligência artificial/AI e as expectativas são elevadas. Com a apresentação do "Chatbot Chat GPT" pela empresa Open AI/San Francisco em novembro de 2022, a IA foi registada pelo público e as possibilidades foram destacadas e postas em discussão.

●Nota de TI > https://www.trend.at/unternehmensprofile/openai (17.11.2023)

As esperanças e os receios são expressos de forma semelhante à evolução do progresso técnico na história da humanidade.

- No passado, as máquinas realizavam trabalhos fisicamente extenuantes na indústria, na construção e na agricultura, por exemplo.

- Hoje, por exemplo, a IA efectua traduções, pesquisas e análises complexas. Sem consciência autónoma, a IA é um instrumento poderoso que pode prejudicar significativamente o discurso democrático (cf. deep fakes, falsificação de vozes, perpetuação de preconceitos). A IA é a máquina que aprende connosco e não o contrário.

Por conseguinte, são necessárias considerações teóricas e práticas no domínio da educação para a educação política (ver Bundeszentrale für politische Bildung, Aus Politik und Zeitgeschichte 42/2023 "Künstliche Intelligenz").

As considerações que se seguem baseiam-se em

- atualidade,

- uma análise da literatura especializada no contexto da educação política e

- Participação exemplar na formação em linha no sector do ensino quaternário.

No que diz respeito ao desenvolvimento tecnológico e sociocultural, o estudo pretende ser uma abordagem do complexo tema no contexto da educação política.

Notas de TI

A IA nas escolas - o futuro do ensino e dos materiais

● https://www.betterteachingresources.com/post/kÃ¼internet-intelligence-teaching (21.11.2023)

●Compreender a educação digital básica em instituições de educação de adultos https://link.springer.com/article/10.1007/s40955-023-00235-z (21/11/2023) IA nas universidades

https://hochschulforumdigitalisierung.de/sites/default/files/dateien/HFD_AP_5 9_Kuenstliche_Intelligenz_Hochschulen_HIS-HE.pdf (21.11.2023)

Regras da IA na UE

● https://orf.at/stories/3342229/ (9.12.2023)

1 Reflexões sobre a inteligência

É frequente colocar-se a questão de saber se a IA pode substituir os seres humanos.

No início dos anos 80, já estavam a ser feitas tentativas para tornar os computadores inteligentes. No que diz respeito às traduções, tornou-se claro que os programas informáticos tinham dificuldades em traduzir com base em regras. A manutenção resultou em grandes problemas na correção de erros (cf. ZWEIG 2019; 2023, 04).

1.1 Aprendizagem automática Aprendizagem

Os actuais sistemas de IA funcionam de forma diferente. Utilizam dados anteriores para procurar padrões que possam ser utilizados no futuro através de métodos estatísticos. Estes métodos são designados por "aprendizagem automática". As regras não são especificadas por humanos, mas sim utilizadas por máquinas de acordo com métodos estatísticos a partir de dados.

As máquinas são programadas por humanos relativamente ao que está presente nos dados disponíveis e com que frequência. A forma como os padrões ou regras encontrados são armazenados também é definida.

Um exemplo simples é a criação de uma árvore de decisão a partir de dados. Cada pergunta produz uma grande quantidade de dados e mede as possibilidades de subgrupos homogéneos quando questionados sobre uma determinada caraterística. Este processo não se limita à recolha de dados, também é possível utilizar dados de entrada.

1.2 Redes neuronais

Isto aplica-se às "redes neuronais". Trata-se de uma fórmula matemática. Um único número é calculado utilizando uma grande quantidade de dados de entrada. Cada neurónio é ponderado como um número, que é calculado como um novo número. Os pesos alterados de todos os neurónios criam um sistema. Isto permite a construção de camadas com muitos dados e qualidade. A objetividade não existe. Os sistemas de IA não podem, portanto, ser fiáveis e compreensíveis nos seus cálculos, só assim poderiam substituir os seres humanos (cf. ZWEIG 2023, 06).

Os novos sistemas de IA passam por duas fases.

- Uma fase de treino com dados do passado selecionados por humanos, através de um método estatístico de seleção automática de regras, constitui uma ajuda à decisão/"rede neural" sob uma determinada forma/"modelo estatístico". A "inteligência" reside na ordem das perguntas e na ponderação das fórmulas.

- A segunda fase utiliza estas regras para calcular uma decisão, escrever um texto, pixelizar uma imagem ou produzir dados áudio, por exemplo.

Os processos de tomada de decisão e a comunicação sobre as decisões não existem nos sistemas de IA. Isto resulta no seguinte problema: fiabilidade e rastreabilidade.

A tomada de decisão exige fiabilidade na utilização, que é o que as pessoas racionais fariam. A observação da máquina em diferentes situações é necessária para a tomada de decisão. Isto é essencial em situações em que a qualidade da decisão não pode ser avaliada.

As "decisões singulares", enquanto fenómenos sem precedentes históricos, são particularmente interessantes na educação cívica, como as da pandemia do coronavírus, uma vez que há falta de dados práticos. Os sistemas de IA não podem, portanto, substituir as decisões humanas (cf. ZWEIG 2023, 07). A política envolve sempre juízos de valor, por exemplo, no domínio da educação, a avaliação do desempenho na sua discrepância de compreensibilidade.

A fiabilidade deve ser verificada de forma diferente no comportamento da máquina. Uma probabilidade nos cálculos de risco, por exemplo, é mais fácil de criar em casos selecionados. É muito fácil calcular "factos", ou seja, afirmações com conclusões intersubjectivas.

•Existem também sistemas de IA que geram algo ("IA generativa" > https://de.linkedin.com/learning/was-ist-generative-ki-22860708/unterschied- between-generative-ki-and-other-ki-forms [20.11.2023]). Estes incluem o Chat GPT, que, por exemplo programas linguísticos/textos, imagens a meio da viagem/, ficheiros áudio e traduções de descrições. A questão da substituição da atividade criativa permanece em aberto.

A criatividade como forma de desenvolver algo novo requer uma máquina com as últimas tendências e dados. Esta aprendizagem baseia-se em processos de associação com todas as fragilidades de uma associação. Em todo o caso, uma tal produção seria difícil. As pessoas e a criatividade humana não podem ser substituídas por sistemas de IA nos próximos anos (cf. ZWEIG 2023, 08).

1.3 Inteligência em IA

O Chat GPT levanta questões sobre o grau de inteligência da IA e os perigos que representa. São dadas respostas diferentes. O termo "inteligência" é difícil de entender porque a inteligência não é uma propriedade objetiva de um sistema.

- O QI aplica-se apenas à inteligência racional ou cognitiva das pessoas. A inteligência, em termos gerais, é a capacidade de um sistema responder a sinais de entrada do ambiente com sinais de saída que aumentam o benefício do sistema a partir da interação com o ambiente (cf. OTTE 2023a, 09).

- Inteligência geral com sistemas inanimados/Sistemas de IA são máquinas. Segundo a OTTE (2023a, 09), ambos os termos são considerados para o significado de inteligência artificial/IA.

O quadro da IA refere-se a sistemas gerados fisicamente que, posteriormente, resultam numa categorização da inteligência (cf. OTTE 2023a, 09-16).

Nível 1 - inteligência dedutiva (inteligência matemática, lógica) Nível 2 -

inteligência indutiva (inteligência de aprendizagem)

Nível 3 - cognitiva inteligência (combinada dedutiva e inteligência indutiva)

Nível 4 - inteligência consciente (inteligência perceptiva)

Nível 5 - inteligência auto-consciente (inteligência auto-perceptiva) Nível 6 - inteligência senciente (inteligência biológica)

Nível 7 - inteligência volitiva (inteligência volitiva explícita)

Nível 8 - autoconfiante, vontade inteligência (inteligência humanista de risco)

1.4 Resumo

Os riscos da IA existem e estão a aumentar (cf. OTTE 2023a, 16). Os perigos técnicos não são, de facto, de esperar, uma vez que a singularidade quase nunca ocorre.

É claro que existem perigos para as pessoas, pensemos na vigilância através da pontuação social ou da definição de perfis, na falibilidade dos sistemas de IA de nível 2, na importância dos direitos humanos e da dignidade humana.

O perigo de aumentar a inteligência das máquinas a partir do nível 3 exige o reconhecimento dos perigos e cenários com objectivos sociais claros, que devem ser definidos de forma tão supranacional quanto possível:

- O projeto de "Lei da IA" da UE apenas diz respeito a software/sistemas de IA de nível 1-3 > https://digital-strategy.ec.europa.eu/de/policies/european- approach-artificial-intelligence (21 de novembro de 2023).

A IA é inteligente, artificial e produzida fisicamente. Simula a inteligência da dedução, da indução e da cognição. O QI racional é de cerca de 80. A inteligência da IA é baixa em comparação com a inteligência dos seres vivos, porque existem outras formas de inteligência para além da inteligência cognitiva.

No ambiente analógico natural, a IA atual não satisfaz geralmente os requisitos (cf. OTTE 2023a, 16).

2 IA e ética

Questões exemplares como a utilização de chat GPT no trabalho científico e de robots levantam questões éticas. A complexidade da IA conduz a determinados contextos nas questões éticas, como os sistemas sociotécnicos, políticos e económicos (cf. STAHL 2023, 17-

22).

2.1 Conceitos de IA

A definição de IA não é fácil: o termo foi introduzido em 1956 pelos matemáticos e informáticos John Mac CARTHY, Marvin MINSKY, Nathaniel ROCHESTER e Claude SHANNON, que partiam do princípio de que as máquinas podiam simular qualquer aspeto da aprendizagem ou qualquer outra propriedade da inteligência (cf. MC CARTHY; MINSKY, ROCHESTER, SHANNON 1955/ 2006, 13; STAHL 2023, 17).

Como propriedades da inteligência são a linguagem, abstracções e conceitos, a resolução de problemas e o auto-aperfeiçoamento.

De acordo com STAHL (2023, 17-18), são propostas três utilizações da IA como experiência

- aprendizagem automática
- sistemas sociotécnicos convergentes/ interdisciplinares e
- Geral IA ou Artificial geral inteligência (cf. > https://arxiv.org/abs/2303.12712 [22.11.2023] < https://topos.orf.at/hirn-und-amir-ki100 [28.11.2023])

2.2 Questões éticas

As questões éticas servem para descrever diferentes fenómenos sob a forma de intenções, afirmações gerais e reflexões (cf. STAHL 2023, 18). Nos países de língua alemã, é feita uma distinção entre moral (valores geralmente reconhecidos) e ética (reflexão teórica).

No domínio da ética da IA, a diferenciação não é generalizada a nível internacional. As muitas teorias incluem a ética das virtudes, as abordagens do comportamento baseadas no dever, a ética feminista e a ética de base religiosa. Uma grande parte do debate na IA centra-se no desenvolvimento de princípios gerais. Nas várias abordagens, estes incluem a transparência, a beneficência, a justiça, a equidade, a não compensação, a responsabilidade, a privacidade, a beneficência, a liberdade e a autonomia, a confiança, a sustentabilidade, a dignidade e a solidariedade.

O grupo de peritos da Comissão Europeia de 2018 propõe um quadro para uma IA fiável que consiste numa IA juridicamente compatível, ética e robusta e que é geralmente reconhecida (cf. STAHL 2023, 18-19).

Notas de TI

- Quadro da UE para a IA > https://www.bundeskanzleramt.gv.at/themen/europa-aktuell/2023/06/ki-gesetz-parlament-beschliesst-rahmen-fuer-kuenstliche- intelligenz.html

- [22.11.2023] > - https://eur-lex.europa.eu/legal- content/DE/TXT/?uri=CELEX:52023DC0206

- [29.11.2023] > - https://orf.at/stories/3342229/ [9.12.2023]).

2.3 Oportunidades e riscos

Uma discussão dos aspectos éticos requer os dois aspectos de vantagens/oportunidades e problemas/riscos.

- Vantagens/oportunidades - impacto económico, maior eficiência e produtividade, prosperidade - processamento de grandes quantidades de dados

- Riscos/problemas - desacordo numa sociedade pluralista sobre a realização da IA - opacidade - imprevisibilidade/ proteção de dados

Coloca-se uma questão ética fundamental

- dos sistemas sociotécnicos convergentes/interdisciplinares com as caraterísticas de impacto social e de autonomia, incluindo o comportamento/manipulação humana, as dependências. Levantam numerosas questões sociais e políticas relativas à utilização dos sistemas sociotécnicos (cf. utilização das tecnologias; STAHL 2023, 20). Isto faz da educação cívica uma responsabilidade pedagógica (cf. educação económica).

- As áreas problemáticas sensíveis da informação e da comunicação também são afectadas (cf. utilização dos meios de comunicação social/competências mediáticas, retirada vs. criação de espaços de participação democrática, cuidados médicos).

2.4 Potencial ecológico

A IA tem um enorme potencial económico. O aumento da prosperidade não conduz automaticamente a uma distribuição equitativa.

Os grupos-alvo são os consumidores/indivíduos, as instituições/empresas privadas e públicas, a administração pública e as organizações da sociedade civil de todos os tipos - medidas regulamentares, legislação (cf. STAHL 2023, 22).

Um exemplo de uma abordagem nacional e internacional é a "Lei da IA" da UE. A necessidade de integrar os sistemas económicos, políticos e sociais como uma questão de ética da IA visa alcançar condições socialmente desejáveis.

●Isto conduz a análises específicas da ética (ver, por exemplo, a ética analítica segundo FRANKENA 1981 > http://www.netzwerkgegengewalt.org/wiki.cgi?Ethik#8AnalytischeEthik [23.11.2023]). Não existem respostas padronizadas (simples) para os domínios abordados; pelo contrário, devem ser respondidos de forma específica ao contexto.

A constelação na IA resulta dos subdomínios da tecnologia, da aplicação e do contexto social.

3 IA e democracia

O desenvolvimento da IA tem a reputação de ser altamente disruptivo. Melhora os processos existentes e altera a visão dos desenvolvimentos e dos objectivos da ação socioeconómica. Se a Internet, as redes socioculturais e os smartphones provocaram mudanças, o debate público sobre o chat GPT atingirá um pico no final de 2022.

No que se segue, o desenvolvimento tecnológico refere-se ao discurso democrático (cf. THIEL 2023, 23-28).

3.1 Novos desenvolvimentos

A IA não é uma tecnologia única, mas sim um termo categórico para um processo tecnológico que resolve processos complexos numa situação específica (cf. THIEL 2023, 23).

É necessário analisar a forma como a comunicação social e os processos se alteram quando diferentes actores interagem (cf. HOFMANN 2022
> ● https://digid.jff.de/demokratie-und-ki/ [22.11.2023]; PASCHER -

PACK - HOMOLKA 2024, 4).

A partir de meados do século XX, a aplicação da IA foi objeto de duas abordagens diferentes (cf. THIEL 2023, 23-24).

- Abordagens com classificação/"IA simbólica" para o tratamento de dados
- Abordagens conexionistas que utilizam a aprendizagem automática e as redes neuronais para analisar problemas/padrões e probabilidades

Por volta de 2010, a IA voltou a crescer com o acesso a grandes quantidades de dados, grande capacidade de computação e melhorias no reconhecimento de imagens e/ou modelos/traduções linguísticas. As questões relativas às oportunidades de ação promovidas pela tecnologia, como os incentivos socioeconómicos, as regulamentações políticas e as utilizações sociais/socioculturais, permaneceram em aberto (cf. BERG - RAKOWSKI - THIEL 2022, 171-191).

3.2 Participação política

Anteriormente, o debate centrava-se na implementação de uma esfera pública democrática através de processos de IA/moderação de conteúdos de redes sociais. Como resultado, foi criada uma consciência da dinâmica da mudança. A informação e a comunicação estão sujeitas a possibilidades de manipulação.

Em primeiro lugar, existe o receio de um aumento da desinformação/desinformação com o desafio de um discurso democrático.

- Nos países de língua alemã, a esfera pública democrática caracteriza-se por um sistema pluralista de meios de comunicação social, por opções de comunicação alternativas e por um sistema educativo alargado (cf. a área de responsabilidade da educação política).
- Os perigos potenciais residem no transbordamento do ambiente de informação, na erosão das condições estruturais da esfera pública democrática e nas mudanças na utilização dos meios de comunicação social (cf. THIEL 2023, 25).

Sem uma regulamentação clara que assegure o controlo e a responsabilização, os procedimentos de IA comprometem as garantias processuais democráticas (cf. THIEL 2023, 27).

A utilização social dos processos de IA é de interesse para a participação política (co-determinação, corresponsabilidade).

Os elementos incluem a promoção da comunicação - reunir debates, apoio processual à política - cidadãos, expansão do marketing político (cf. os perigos potenciais da despolitização tecnocrática).

As fases/possibilidades de desenvolvimento delineadas da prática democrática na assumida importância crescente dos processos de IA resultam em diferentes representações.

A análise revela um quadro de organização política ativa com limitações. As dimensões democráticas concretas devem ser abordadas, com a possibilidade de organização, assumindo um imperativo liberal (cf. o exemplo da Estónia na UE). Os elementos sócio-culturais, sócio-económicos e tecnológicos são desafiados no contexto da educação política com as suas muitas áreas de referência.

4 A IA e o mundo do trabalho

O modo de vida e o mundo do trabalho mudaram radicalmente com a Revolução Industrial, há cerca de 250 anos, e o trabalho humano foi reorganizado através da utilização de máquinas. Neste contexto, fala-se de uma "era da máquina" (ver INSTITUT FÜR GESCHICHTE UND ZUKUNFT DER ARBEIT/ IGZA 2023 > ●
https://igza.org/publikationen/ [24 DE NOVEMBRO DE 2023]).

Existe uma discrepância entre as crescentes possibilidades técnicas da digitalização e a compreensão das suas aplicações úteis. As vantagens e desvantagens estão intimamente ligadas à política e à economia. Estamos em plena fase de efeitos sobre o trabalho, o tempo, o rendimento e a qualidade do trabalho. "É de importância central a forma como a política e as empresas orientam o desenvolvimento e distribuem os benefícios da IA e aumentam a qualidade do trabalho" (KELLERMANN - MARKERT 2023, 35).

4.1 Desenvolvimento da automatização

No que diz respeito à utilização da IA no mundo do trabalho, é interessante o desenvolvimento ao longo dos últimos 200 anos com as condições de enquadramento económico.

- Desde 1800, a quantidade de bens produzidos numa hora triplicou aproximadamente na Alemanha, nos EUA e no Reino Unido (cf. IGZA 2023, vol. 3, 55).

- O tempo de trabalho anual passou de mais de 3 000 horas no século XIX para 1 588 horas atualmente (ver cálculo do tempo de trabalho 2023 > https://iab.de/daten/iab-arbeitszeitrechnung [24.11.2023]).

- Houve uma fase de expansão após a Segunda Guerra Mundial, mas as taxas de crescimento voltaram a estabilizar-se a partir de 1970. A tecnologia da primeira era da máquina era aplicável à produção de materiais, faltando ainda a automatização noutros sectores. A plena utilização da tecnologia de IA ainda está para vir. As "tecnologias de uso geral" precisam de uma fase de arranque e requerem investimentos suplementares, tecnologia complementar e reorganização de processos e operações (cf. KELLERMANN - MARKERT 2023, 35).

- Em comparação com a máquina a vapor como fonte de energia, a digitalização está a desenvolver-se rapidamente. Cerca de 4,7 mil milhões de pessoas em todo o mundo possuem um smartphone, tendo o iPhone sido lançado pela Apple há cerca de 16 anos (ver > https://de.statista.com/themen/581 [25.11.2023]).

- Os ganhos de velocidade e desempenho das máquinas de processamento de dados atingiram um nível extraordinário de dinamismo e desenvolvimento tecnológico (ver IGZA 2023, Vol.7, Manual de Dados, 131-132).

- O aumento da produtividade não provocou desemprego; pelo contrário, a mão de obra foi transferida para outros sectores, os perfis profissionais mudaram e foram criadas novas profissões (cf. KELLERMANN - MARKERT 2023, 36).

4.2 Funções suplementares da IA

As funções de assistência complementares dos sistemas baseados em dados, como a colaboração entre humanos e robôs, a impressão 3D e o fabrico aditivo, tornaram-se um tema de debate fundamental. Os sistemas de assistência alteram as actividades, o significado e a qualificação de uma profissão.

Para além dos aspectos educativos da escolha da carreira no contexto do aconselhamento educativo, é aqui que entra a importância da IA e do trabalho. Este aspeto é desencadeado pelo desenvolvimento de modelos linguísticos generativos, como o Chat GPT, no mercado de trabalho. As profissões ligadas ao ensino, aos meios de comunicação social e às relações públicas, bem como as profissões ligadas à gestão e à indústria do entretenimento, serão as que terão maior probabilidade de automatização parcial através da IA generativa. A OIT estima que um quarto dos empregos de escritório será realizado por modelos linguísticos com efeitos específicos de género (cf. KELLERMANN - MARKERT 2023, 38-39).

O elevado grau de substituição em determinadas áreas de atividade caracteriza os relatos dos meios de comunicação social (ver, por exemplo, a capacidade inovadora do Chat GPT vs. brainpower, Salzburger Nachrichten/ SN 18.11. 2023, 15).

Comunicado de imprensa SN 18.11.2023, 15 "Chat GPT vs. brainpower. Quem é mais inovador? Inteligência artificial ou humana?"

Atualmente, a inteligência artificial não tem praticamente limites. Pode criar textos sofisticados, analisar dados financeiros ou responder automaticamente a perguntas de clientes num instante - e com uma qualidade espantosa. Por isso, muitas profissões de "colarinho branco" estão atualmente sob escrutínio e muitas pessoas têm medo de perder o emprego.

Mas será que a IA também pode inovar? E as realizações empresariais, como a criação de uma estratégia de inovação? Nikolaus Franke, Diretor Académico da Academia de Empreendedorismo e Inovação do MBA, pôs recentemente esta questão à prova com 21 estudantes de MBA. Foram-lhes dados cinco minutos para elaborarem uma proposta individual sobre a forma de reagir se uma pequena empresa tiver uma ideia inovadora excecional mas não a conseguir proteger. O tempo era tão curto que, basicamente, tinham de começar a escrever imediatamente - dispunham apenas de um bom segundo para cada palavra. Era praticamente impossível pensar e refletir. A razão para esta restrição extrema de tempo era o facto de os alunos deverem ser sujeitos a condições semelhantes às do Chat GPT.

Como esperado, o Chat GPT completou as tarefas muito rapidamente, mas só conseguiu aproximar-se do máximo de 200 palavras permitido na quinta tentativa. As soluções anónimas, que não revelavam se provinham de estudantes ou do Chat GPT, foram analisadas por dois cientistas com vários anos de experiência no domínio do empreendedorismo e da inovação. O resultado foi claro: embora os estudantes de MBA propusessem estratégias muito diferentes - por vezes, centraram-se numa imagem de marca consistente como inovador, por vezes, sugeriram uma abordagem por etapas, inicialmente em nichos de mercado, para atacar o mercado principal a partir daí - por vezes, recomendaram a cooperação com uma empresa retalhista - as suas soluções eram claramente superiores às da IA. As estratégias da MBA obtiveram uma classificação média de 2,4. A estratégia da Chat GPT era uma mistura algo difusa de todos os elementos estratégicos possíveis, pelo que lhe foi atribuída uma classificação extremamente moderada de 4,5.

No entanto, Nikolaus Franke está convencido de que o fraco desempenho não deve ser mal interpretado: "A IA generativa, como o Chat GPT, é uma inovação fundamental com potencial disruptivo e, portanto, extremamente importante, especialmente para os empresários. Inúmeras subtarefas no processo empresarial podem ser concluídas melhor, mais rapidamente e com menos erros com a ajuda da inteligência artificial". Nos programas de MBA da WU Executive Academy, a sua utilização não é combatida, mas sim promovida de forma inteligente.

A automatização dos desenvolvimentos mais recentes resulta em alterações dos perfis profissionais, porque as tarefas são eliminadas, são acrescentadas novas tarefas e/ou têm um peso diferente ou são criadas novas profissões. Nos EUA, cerca de 80 por cento do emprego em 2018 estava em profissões que nem sequer existiam na década de 1940 (ver DAVID 2022; KELLERMANN - MARKERT 2023, 39).

O baixo nível de qualificação é uma questão de política social, que pode contribuir para uma polarização dos rendimentos e das oportunidades de carreira.

Neste este contexto obter cada vez mais importância das acções de formação profissional, tais como

- Aconselhamento pedagógico e de estudo com coaching,
- Outras medidas de formação e apoio com o
- Objetivo da política política a uma educação ao longo da vida orientada para a democracia.

5 Desafios para o sector da educação

Os aprendentes/alunos e professores são confrontados com métodos inovadores e novas formas do sistema educativo nas suas carreiras educativas e profissionais.

5.1 Mudanças ao longo das décadas

Basta pensar na introdução e utilização de computadores nos anos 80 e nas mudanças que ocorreram nas últimas décadas.

A tão proclamada revolução digital nos sectores da educação escolar e da educação de adultos, bem como no ensino superior, com o seu equipamento e apoio, demorou muito tempo. A IA dificilmente conseguirá/precisará de se adaptar à duração desta fase de desenvolvimento.

As ferramentas digitais exigem um esforço suplementar considerável, como instalações dedicadas, instalação de programas e conhecimentos especializados em matéria de meios de comunicação social (cf. NUXOLL 2023, 41-45).

5.2 Vantagens dos processos de aprendizagem digital

A IA vale certamente a pena para

- Soluções para problemas complexos,
- Heterogeneidade dos alunos/velocidade de aprendizagem, capacidades e necessidades,
- recursos de tempo limitados, correcções e sessões de aconselhamento,
- aprendizagem sustentável/exercícios, repetição e aprendizagem social,
- Avaliações de desempenho/trabalhos de projeto, trabalhos técnicos

e seminários e

- métodos alternativos de auditoria e avaliação (ver TRAUTWEIN - SLIWKA - DEHMEL 2018).

A utilização da IA na educação exige que se faça uma distinção entre a inteligência artificial generativa/ chat GPT e os sistemas de tutoria inteligente/ ITS.

- A IA generativa consiste em modelos como a geração de chat GPT com textos, a resposta a perguntas simples e a criação de redacções complexas.

- Os Sistemas Tutores Inteligentes (STI) oferecem uma aprendizagem personalizada, simulando a experiência de um ensino individual com um tutor numa determinada área. Os progressos e os défices de aprendizagem são reconhecidos e são propostos exercícios e explicações específicos. Podem ser criados percursos de aprendizagem. Note-se que existem apenas alguns sistemas de tutoria em língua alemã (cf. NUXOLL 2023, 42).

As instituições de ensino devem garantir a encriptação dos dados e orientações claras em matéria de acesso.

5.3 Desafios pedagógicos

Os cinco aspectos seguintes de uma tarefa pedagógica de base didática constituem a base para lidar com a aprendizagem e o ensino digitais.

Uma instituição de ensino sem professores continuará a ser uma instituição de ensino pobre no futuro, tal como uma instituição de ensino sem IA (cf. KELLERMANN - MARKERT 2023, 46).

- Neutralidade - programas neutros e baseados em factos

- Fiabilidade vs. desinformação ou desinformação - informação baseada em factos

- Desigualdades - acesso à tecnologia, conetividade à Internet e formação na sua utilização

- Dependência - risco de restringir a IA e de promover actividades próprias para experiências e inovações

- Acompanhamento e promoção -

conjunta aprendizagem e interação social

Em princípio, o conhecimento dos media faz parte da tarefa.

6 Documentação de formação

Teilnahmebestätigung

Frau/Herr

Günther Dichatschek

hat an folgendem Seminar teilgenommen:

Die/Der Lehrende als Coach

von 29. bis 30. April 2008

Trainerin: Mag. Hildegard Köhler

Mag. Gerda Mraczansky
Leiterin Personalentwicklung
der Universität Wien

Seminarleitung

Universität Wien – Referat für Personalentwicklung, Maria Theresien-Straße 3/15, 1090 Wien
Tel.: +43 (0)1 4277 DW 12331, Fax: DW 12339, Email: personalentwicklung@univie.ac.at, www.univie.ac.at/personalentwicklung

Frau/Herr

Günther Dichatschek

hat an folgendem Seminar teilgenommen:

Kreative Entwicklung hochschuldidaktischer Methoden

von 9. bis 11. Dezember 2009

Trainer: Mag. Oliver Schrader
Mag. Michael Stadlober

Mag. Gerda Mraczansky
Leiterin Personalentwicklung
der Universität Wien

Seminarleitung

Teilnahmebestätigung

Universität Wien – Personalentwicklung, Dr.-Karl-Lueger-Ring 1, A-1010 Wien
T: +43 (0)1 4277 DW 12331 | F: DW 12339 | E: personalentwicklung@univie.ac.at, http://personalentwicklung.univie.ac.at

Zertifikat HSD+

Herr
Dr. Günther DICHATSCHEK, MSc

hat den

internen Lehrgang für Hochschuldidaktik

HSD+ Erweiterungslehrgang (WS 2015/16)

an der Universität Salzburg im Ausmaß von 2 ECTS-Credits erfolgreich abgeschlossen.

Salzburg, am 25. Februar 2016

Univ.-Prof. Dr. Jörg Zumbach
Lehrgangsleitung

UNIVERSITÄT SALZBURG

Univ.-Prof. Dr. Erich Müller
Vizerektor Lehre

Ao.Univ.-Prof. Dr. Rudolf Feik
Vizerektor QM & PE

VIZEREKTOR UNIVERSITÄT SALZBURG

Personalentwicklung

iMooX

Teilnahmebestätigung

für

Dr. Günther Dichatschek MSc

Hiermit wird die Teilnahme an dem von CONEDU & PartnerInnen auf der Plattform iMooX angebotenen

EBmooc – Offener Onlinekurs zu digitalen Werkzeugen für ErwachsenenbildnerInnen

#ebmooc17

bestätigt.

Die Teilnehmerin/der Teilnehmer hat alle sechs Multiple-Choice-Tests erfolgreich bestanden.

Inhalt der Module

1. Einführung: Aufbau des EBmooc und das Lernen in MOOCs
2. IKT-Tools für die tägliche Arbeit rund um ein Bildungsangebot
3. Social Media in der Erwachsenenbildung
4. Blended Learning und eLearning in der Erwachsenenbildung
5. Offene Bildungsressourcen für die Erwachsenenbildung
6. Bildungsberatung (und Lernberatung) mit Online-Unterstützung

Der Zeitaufwand hierfür war mit 18 Stunden für das Selbstlernen veranschlagt.

VeranstalterInnen

Mag.a Dr.in Birgit Aschemann u. Mag. Wilfried Frei (Leitung), DI.in Martina Süssmayer | Verein CONEDU
Dipl.-Ing. Dr. Martin Ebner | Technische Universität Graz, Mag. David Röthler | Verein WerdeDigital.at

Graz/Austria, im April 2017

EBmooc erwachsenenbildung.at 2017 | #ebmooc17
von CONEDU, TU Graz und WerdeDigital.at | auf imoox.at
Gefördert aus Mitteln des Bundesministeriums für Bildung

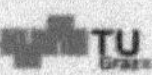

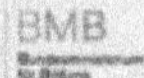

7 Bibliografia IA

Os títulos que são utilizados e/ou diretamente citados no artigo são listados.

Berg S. - Rokowski N. - Thiel Th. (2022): A construção digital. Uma declaração de posição, in: Journal of Political Science 2/ 2022, 171-191

Agência Federal para a Educação Cívica (2023): Journal Aus Politik und Zeitgeschichte - Artificial Intelligence, 73° volume 42/ 2023, 14 de outubro de 2023, Bona

David H. et al. (2022): New Frontier: The Origins and Content of New Work, 1940-2018, National Bureau of Economic Research, NBER Working Paper 30389/ 2022

Frankena W.K. (1981): Ética analítica. Uma introdução, Munique

Kellermann Chr. - Markert C. (2023): AI in the world of work, in: Journal Aus Politik und Zeitgeschichte 42/ 2023, 35-40

Mc Carthy J.- Minsky M.- Rochester N.- Shannon Cl. (1955/ 2006): A Proposal for the Darmouth Summer Research Project on Artificial Intelligence, agosto de 1955, in: AI Magazine 4/ 2006, 12-14

Nuxoll Fl. (2023): KI in der Schule, in: Journal Aus Politik und Zeitgeschichte 452/ 2023, 41-45

0tte R. (2021): Machine Awareness, Frankfurt/ M.

Otte R. (2023a): Inteligência e Consciência, in: Journal of Politics and Contemporary History 42/ 2023, 09-16

Otte R. (2023b): AI for Dummies, Weinheim

Pascher D. - Pack - Homolka St.(2024): Perigo para a democracia?, in: Salzburger Nachrichten, 20.1.2024, 4

Salzburger Nachrichten, 18 de novembro de 2023, CAREER, 15 : "Chat GPT vs. brainpower. Quem é mais inovador? A inteligência artificial ou a inteligência humana? Esta questão foi recentemente colocada a 21 estudantes da WU Executive Academy"

Schröder L. - Höfers P. (2022): Praxishandbuch Künstliche Intelligenz: Handlungsanleitungen, Praxistipps, Prüfragen, Checklisten, Frankfurt/ M.

Stahl B.C. (2023): Grey areas between zero and one, in: Journal Aus Politik und Zeitgeschichte 42/ 2023, 17-22

Thiel Th. (2023): AI and Democracy: Development Paths, in: Journal of Politics and Contemporary History 42/ 2023, 23-28

Trautwein U.- Sliwka A.- Dehmel A. (2018): Fundamentos para um ensino eficaz, Stuttgart

Zweig K.A. (2019): The AI did it! Do absurdo ao mortal: as armadilhas da inteligência artificial, Munique

Zweig K.A. (2023): Is AI threatening to replace humans?, in: Journal Aus Politik und Zeitgeschichte 42/ 2023, 04-08

Parte IV Ligação em rede

1 Rede contra a violência - Rede para a educação

O sítio Web da "Rede contra a Violência - Rede de Educação" > http://www.netzwerkgegengewalt.org/wiki.cgi? < tem por objetivo criar uma rede social contra a violência.

A rede foi lançada em outubro de 2002 e, desde 2004, alargou o seu âmbito temático à educação.

- O trabalho em rede complementa os esforços para responder aos desafios educativos.
- As áreas educativas, na sua importância e diversidade actuais, determinam o projeto wiki com uma variedade de tópicos.

O trabalho em rede é importante

- *de uma perspetiva europeia* sob a forma do
- ___"E - Platform for Adult Learning in Europe"/ EPALE > ver https://ec.europa.eu/epale/de/resource- centre/content/network-against-violence
- cf. EPALE > https://epale.ec.europa.eu/de/node/152088
- *no âmbito do quadro nacional* com
- da "Academia de Formação Contínua da Áustria" > http://www.wba.or.at > Licenciados > https://login.wba.or.at/absolvent_innen?user=13140
- De acordo com uma missão de ensino, é estabelecida uma rede com a instituição relevante que afecta o departamento.
- O trabalho em rede é efectuado de acordo com os eventos do Centro de Educação de Adultos do Tirol (cf. https://www.vhs-tirol.at/).

As páginas Web pertencem a uma Web Wiki, ou seja, qualquer pessoa pode comentar todas as páginas e ajudar a escrevê-las, contribuir com novas ideias e criar páginas.

As contribuições e os participantes são bem-vindos. Isto inclui explicitamente (mas não exclui) descrever eventos e pessoas, falar sobre estudos e livros, planear e rever projectos ou acções > http://www.netzwerkgegengewalt.org/wiki.cgi?Sammelbände

O objetivo original - sensibilizar para a ligação entre a televisão e a violência e encontrar formas de reduzir as representações exageradas da violência e a glorificação da violência - tornou-se um subprojecto no âmbito do contexto mais vasto acima descrito.

- Com o tempo, a educação - inicialmente no contexto da violência - tornou-se uma questão central.
- A cientificidade e a atualidade são necessárias.
- O interesse pessoal está em primeiro plano.
- As críticas são bem-vindas e devem ser justificadas.

Nota técnica: Este sítio Web é uma rede wiki em que qualquer pessoa pode participar. As opiniões contrárias também são bem-vindas se forem construtivas. Para instruções mais detalhadas, consulte as notas do utilizador.

TI - Nota

- http://www.netzwerkgegengewalt.org/wiki.cgi?

2 Wiki da escola

Na imprensa, lemos frequentemente sobre a necessidade de os alunos adquirirem competências adicionais no domínio dos media. No entanto, é muito mais raro ler exemplos concretos do que são essas competências mediáticas e ainda menos sobre a forma como devem ser ensinadas.

Uma ligação à Internet para todas as escolas é bom, mas seria ainda melhor se fosse utilizada de forma sensata. Vejamos como é que isso pode ser feito, com reportagens claramente actuais de vários jornais ou outros serviços noticiosos, pesquisas sobre determinados temas. Mas com estas coisas, os fornecedores são sempre diferentes e os alunos estão, mais uma vez, a trabalhar apenas para si próprios, para as notas e para os professores (se fosse pelo menos por esta ordem). Os resultados do trabalho só são acessíveis à turma e só são reconhecidos criticamente por alguns deles, tudo o resto não tem valor.

No entanto, há projectos na Internet em que qualquer pessoa pode trabalhar e que valem a pena. Além disso, estes projectos também podem ser utilizados para experimentar a colaboração inter-curricular e inter-anual. Os resultados são visíveis em todo o mundo. E se o projeto atingir uma certa dimensão, não será apenas a página inicial de uma escola, mas algo permanente que continuará a ser mantido, possivelmente até pelos alunos quando estes já tiverem deixado a escola há muito tempo.

Melhor ainda, as competências técnicas necessárias à colaboração podem ser aprendidas em muito menos de uma aula, mesmo por alunos (ou professores) que não querem ter nada a ver com computadores.

Tudo isto se chama Wiki, que vem da língua havaiana e significa rápido. É exatamente assim que a colaboração (tecnicamente) funciona lá. Um sistema em que qualquer pessoa pode alterar ou escrever artigos, em que as ligações podem ser criadas rapidamente e em que um corpo de conhecimento em rede é criado por muitas pessoas que trabalham em conjunto. É claro que existe um grande risco de que se publiquem muitos disparates ou que se estraguem contribuições significativas, mas a experiência mostra que o número de participantes sensatos supera de longe o número de maus participantes, e todas as alterações são assinaladas como tal e podem ser anuladas.

Poderão os professores, que têm como objetivo a precisão, utilizar esta ferramenta? Isto torna-se uma divisão do trabalho - as pessoas criativas abordam os temas, as pessoas planeadas resolvem-nos, as pessoas precisas eliminam os erros. Conteúdo duvidoso: Se as contribuições forem lidas, revistas e corrigidas em pormenor por uma comunidade, então a reação ocasional a um ato de vandalismo (1 a 2 por ano e por wiki) passa a ser insignificante na vida quotidiana.

Mas que potencial existe: os alunos podem fazer perguntas. Os pais podem envolver-se. Turmas de escolas diferentes podem cooperar. Professores de escolas diferentes podem apoiar-se mutuamente em projectos ou com materiais. As pessoas afectadas podem ter uma palavra a dizer nos projectos. Provavelmente, não seria difícil produzir uma lista de mil ideias, todas relacionadas com o facto de um wiki não ser um sistema estritamente administrado e de se tratar de novas formas de envolvimento, participação e novas relações sociais. Alguns autores falam de "aprendizagem social".

TI - Nota

● http://www.schulwiki.org/wiki.cgi

Para o autor

Formação de professores da APS (VS - HS - PL 1970, 1975, 1976), conselheiro de alunos certificado (1975) e conselheiro de desenvolvimento escolar (1999), membro da comissão de exame de professores da APS na Direção Regional de Ensino do Tirol (1993-2002).

Licenciado em Höhere Bundeslehranstalt für alpenländische Landwirtschaft Ursprung - Klessheim/ Reifeprüfung, Maturantenlehrgang der Lehrerbildungsanstalt Innsbruck/ Reifeprüfung - Estudos em Ciências da Educação/ Universidade de Innsbruck/ Doutoramento (1985), 1º Curso de Ecumenismo - Kardinal König Akademie/ Viena/ Certificação (2006); 10º Curso Universitário de Educação Política/ Universidade de Salzburgo - Klagenfurt/ Mestrado (2008), Academia de Educação Contínua Áustria/ Viena/ Diploma (2010), 6º Curso Universitário de Competência Intercultural/ Universidade de Salzburgo/ Diploma (2012), 4º Curso Interno de Didática do Ensino Superior/ Universidade de Salzburgo/ Certificação (2016). Curso universitário de Competência Intercultural/ Universidade de Salzburgo/ Diploma (2012), 4º curso interno de Didática Universitária/ Universidade de Salzburgo/ Certificação (2016) - Curso à distância Curso Básico de Educação de Adultos/ Centro Protestante de Ensino à Distância, Instituto Comenius Münster/ Certificação (2018), Curso à distância Desenvolvimento Sustentável/ Centro Protestante de Ensino à Distância, Instituto Comenius Münster/ Certificação (2020).

Docente no Instituto de Ciências da Educação/ Universidade de Viena/ Ensino Profissional - Ensino Pré-Profissional VO - SE (1990- 2011), Departamento de História/ Universidade de Salzburgo/ Programa de Formação de Professores História - Estudos Sociais - Educação Política - SE Didática da Educação Política (2026- 2017).

Membro da Comissão de Educação da Igreja Protestante da Áustria (2000- 2011), Diretor Adjunto do Centro de Educação Protestante do Tirol (2004 - 2009, 2017 - 2019) - Diretor de curso dos Centros de Educação de Adultos de Salzburgo Zell/ See, Saalfelden e da Cidade de Salzburgo/ "Freude an Bildung" - Educação Política (2012 - 2019) e do Centro de Educação de Adultos do Tirol/ Curso Básico de Educação Política (2024).

■m ailto:dichatschek@kitz.net

Printed by Books on Demand GmbH, Norderstedt / Germany